- 알기 쉽게 요약한 -

간추린 성경

머리말

   성경은 2024년 기준 전 세계 인구의 32.4%가 믿는 기독교의 경서(經書)로, 매년 1억 부 이상이 판매되고 있다는 경이적인 책이다. 장대한 고대 역사의 절반을 담아낸 역사서이면서 인간의 삶의 방식을 제시하는 위대한 철학서이다. 기독교 신자 여부를 떠나 오늘을 살아가는 모든 사람들의 필수 도서목록이 되어야 할 충분한 이유가 있는 책이라고 본다.

   그러나 성경은 읽어내야 할 책의 분량이 방대하면서도 그 내용이 복잡하고 한없이 난해하여 믿음이 없는 사람은 쉽게 읽어낼 수 없는 책이다. 때문에 세계적인 베스트셀러이지만 완독율이 가장 낮은 책으로도 평가 받고 있는 현실은 매우 애석한 일이다.

   〈간추린 성경〉은 필자가 성경 공부를 하면서 서브노트를 했던 자료를 바탕으로 성경의 핵심 내용을 알기 쉽게 요약한 책인 바, 참고서적으로는 (유) 성서원에서 발행한 큰글자 성경전서, Zondervan 발행 Holy Bible, 럭크만 한영주석 성경(말씀보존학회), 성경낱말사전(도서출판 영문) 등이며, 그 외에도 다수의 기독교 관련 서적이나 참고 문헌들이 있다. 본질을 이해하는데 충실하고자 기본적으로 나무보다는 '숲'을 중시하였으나 정확한 내용 분석을 위하여 미시적 분석방법을 소홀히 하지 않으려 노력했다(내용 일부에서는 AI 자료를 부분적으로 참고하기도 하였음).

   또한 독자들의 빠른 이해를 위하여 도표를 최대한 많이 활용하여 시각화(視覺化)에 유의 했다. 성경 읽기가 어려운 이유 중의 하나가 중국 성경의 영향 때문도 있다고 판단되어 성경에 자주 나오는 어려운 용어 1,200에 대한 해설집을 부록으로 만들었다.

송(宋) 나라의 대 유학자인 정이천(程伊川)은 "책은 반드시 많이 읽기보다는 그 핵심을 아는 것이 필요하다"라는 유명한 어록을 후세에 남겼다. 필자는 성경 공부를 하면서 31,102에 이르는 성경구절 모두를 공부한다는 것은 현실적으로 불가능할 뿐만 아니라 그 효능도 기대하기 어렵다는 사실을 알게 되었다.

요약은 단순히 내용을 줄이는 작업이 아니다. 그것은 중요한 것, 본질적인 것을 선택하고 깊이 새기는 과정이다. 이 책이 그 역할을 감당하며 성경을 처음 접하는 이들에게는 길잡이가 되고, 오랜 독자들에게는 새롭게 비추는 빛이 되기를 고대한다.

2025년 2월
저자 유 희 신

Contents

제2편 _ 신약성경 개요 / 53

제3편 _ 주제별 요약 해설 / 83

제1편 구약성경 개요

구약성경 순서 및 내용

순서	책 명	내 용		비고
1	창세기	하나님의 창조시대, 죄와 구속의 기원		율법서
2	출애굽기	400년간 종살이 애굽 탈출	모세 5경	
3	레위기	레위인의 제사장 직분과 직무, 제사율법		
4	민수기	출애굽 후 40년간 방황생활 기록		
5	신명기	'두 번째 율법'의 뜻, 모세의 율법 강조		
6	여호수아	모세의 후계자 여호수아의 가나안 정복, 토지분할, 정착		역사서
7	사사기	가나안 정착 후 400년간의 사사 시대, 실패, 구원의 반복		
8	룻기	모압 여인 룻의 시어머니 나오미에 대한 효심 기록		
9	사무엘상	사무엘의 일생, 초대 왕 사울, 2대왕 다윗의 치적		
10	사무엘하			
11	열왕기상	솔로몬과 치세(治世), 분열과 남북왕국의 역사 *列(열방)王記		
12	열왕기하			
13	역대상	다윗의 치리와 성전건축, 솔로몬 왕위계승		
14	역대하			
15	에스라	바벨론 포로에서의 1, 2차 귀환, 성전 재건 기록		
16	느헤미야	3차 귀환, 예루살렘 성전재건 기록		
17	에스더	바사(페르샤)에 남아 있던 유대인의 구원		
18	욥기	의인, 욥의 고난이 주는 교훈		시가서
19	시편	교훈, 기도, 찬양, 감사, 예언, 역사, 회개, 믿음, 고난		
20	잠언	의롭고 성공적인 삶의 지침 * 지혜서		
21	전도서	하나님을 떠난 인간의 헛된 삶 (솔로몬)		
22	아가	솔로몬과 술람미 여인 사랑을 통한 하나님 사랑 노래		
23	이사야	이스라엘 백성의 죄 지적, 심판, 회복, 메시야 예언		대선지서
24	예레미야	남왕국 유다의 죄 책망, 회개촉구, 포로귀환 예언		
25	예레미야 애가	예루살렘 패망예언에 대한 비통함의 5편 슬픈 시		
26	에스겔	예루살렘의 멸망과 회복, 영광스러운 미래 기록		
27	다니엘	예언적인 내용 '구약의 요한계시록'		
28	호세아	호세아와 음란한 아내 고멜을 통한 하나님의 사랑		소선지서
29	요엘	메뚜기 재앙 비교, 하나님 심판, 오순절 성령 강림		
30	아모스	불의한 사회에 대한 하나님의 공의로운 심판 예언		
31	오바댜	이스라엘의 대적자인 애돔에 대한 하나님의 심판 경고		
32	요나	불순종한 요나를 통한 니느웨 성의 회개운동		
33	미가	이스라엘의 죄와 심판 예언, 메시야 탄생 예언		
34	나훔	니느웨 성의 멸망 선포		
35	하박국	죄악 된 이스라엘을 갈대아인을 사용하여 심판예언		
36	스바냐	'야훼의 날'에 유다에 임할 하나님의 심판 예언		
37	학개	바벨론 포로 귀환 이후의 첫 소선지자, 성전재건 촉구		
38	스가랴	성전재건 권고, 예수 그리스도의 재림에 관한 내용		
39	말라기	타락한 이스라엘 책망, 예수 그리스도의 강림 예언		

창세기(創世記, Genesis)

1. 개요

저자	모세(Moses)
기록 연대	BC 1446 ~ 1406년 경
주제	사람의 타락과 하나님의 구원 계획
주요 인물	아브라함, 이삭, 야곱, 요셉
기록 목적	하나님께서 이 세상의 모든 것들 및 사람을 창조하셨다는 것과 또한 그분께서 선택하신 그 백성을 통하여 온 인류에게 구원의 길을 보여주기 위해 기록하였다.

2. 내용 요약

* 모세 5경의 하나, 만물의 기원과 순서를 서술함.
* 이 책은 하나님이 세상을 창조하는 과정으로 시작하여 이스라엘 민족이 이집트로 이주하는 시기까지의 내용을 다루고 있다.
* 하나님께서 이스라엘 민족을 통한 구속사역을 보여주고 있는 책이다.
* 창세기는 하나님의 계시(啓示)를 전달하는 '신학적 보고서'이다.
 (그러므로 인류에 대한 '역사적 보고서'로 보는 일부의 견해는 옳지 않다)
* 창세기는 우주에 있는 모든 것들의 시작에 관한 책이다.
 즉 하늘, 땅, 바다, 동식물, 사람 등의 시작에 관해서 알려주는 책이다.
* 창세기는 하나님이 사람을 창조한 기록이 있는 책이다(창 2:7; 5:1, 2)
* 태초에 천지를 창조하신 하나님이 그 지은 모든 것을 보시고 심히 좋으셨던 하나님이 그 이후 인간의 타락으로 말미암아 좌절과 분노를 표시하시는 과정이 반복된다.
* 노아 시대의 대 홍수, 바벨탑 사건, 민족들의 분산, 아브라함과 야곱과 요셉의 이야기도 서술된다.
* 무엇보다 창세기를 통해 우리는 인간의 죄가 어떻게 시작되었는지를 알 수 있다.
* 그리고 비록 인간들이 타락했을지라도 하나님께서는 여전히 자기 백성들을 사랑하신다는 사실도 알 수 있다.

출애굽기(Exodus)

1. 개요

저자	모세(Moses)
기록 연대	BC 1446 ~ 1406년 경
주제	유월절 어린 양의 피로 인한 해방
주요 인물	모세, 아론, 파라오, 브살렐
기록 목적	하나님께 선택된 이스라엘 백성들이 이집트에서 해방된 사건을 보여주고, 그들이 하나의 국가로서 차츰 정비되고 발전되어 가는 과정을 보여주기 위해 기록하였다.

2. 내용 요약

* 출애굽기는 요셉의 사망으로 막을 내린 창세기 이후 근 3세기의 세월이 흐른 시점에서 시작된다.
* 출애굽기는 창세기에서 이어져 온 이야기인 아브라함과 이삭과 야곱과 요셉 이야기를 거쳐 이집트에 온 이스라엘 자손들이 400년 후의 종살이 역사 이야기로 시작을 한다.
* 하나님께서 모세를 준비시키며 모세와 아론을 통해 이집트 땅에 10가지 재앙으로 하나님을 드러내시고 이집트 사람에게나 이스라엘 사람에게나 또는 다음 세대들에게 하나님을 나타내시어 이스라엘 민족을 하나님이 예정하셨던 곳으로 이끌어 내신다.
* 출애굽기는 하나님께서 모세를 통해 자기 백성을 이집트의 종살이에서 해방시킨 사실과 광야생활이 기록되어 있다.
* 출애굽은 탈출이 아니고 본향으로 돌아가는 것이다.
* 하나님께서는 이스라엘 백성들이 광야생활을 하는 동안 하늘에서 식량으로 만나와 메추라기를 내려주셨고 도덕법으로 10계명을 주셨다.
* 출애굽 이후, 이스라엘 백성들은 시내 산 아래 진치고, 거기에서 하나님의 율법을 받았다.
* 그리고 하나님의 명령에 따라 하나님께 예배드리기 위한 성막을 지었다.

레위기(Leviticus)

1. 개요

저자	모세(Moses)
기록 연대	BC 1446 ~ 1406년 경
주제	하나님의 거룩함과 이스라엘의 성결
주요 인물	모세, 아론, 아론의 네 아들
기록 목적	이스라엘 백성들에게 거룩하신 하나님을 올바로 섬기는 방법을 지도해 주고, 또한 하나님의 백성답게 성결하게 살아가는 법을 안내해 주기 위한 지침서로 기록되었다.

2. 내용 요약

* 레위기는 율법서(律法書)로서 구약의 핵심이고, 오경의 중심이다.
* 〈1~25장〉에서는 제사와 제사장들에 관한 교훈, 부정하고 정한 것, 산모를 위한 법, 나병, 성병을 위한 법, 속죄일 규례, 피와 기름을 먹지 말라는 내용, 성 윤리, 도덕, 결코 용납해서는 안 되는 죄악, 제사장들의 처신, 분깃, 거룩한 절기를 지키는 목적과 정신, 성막과 제단을 관리하는 규례, 안식년, 토지 무르는 절차 등이 있고,
* 〈26장〉에서는 이 율법들을 지키면 복을, 지키지 않으면 벌을 받을 것을 규정하고,
* 〈27장〉에서는 부칙으로 돈으로 속전을 내는 규정을 두고 있다.
* 성막 건립으로 막을 내린 출애굽기 이후, 이제 레위기는 그 성막(聖幕)의 사용법과 관련하여 하나님께서 자기 백성 이스라엘에게 여러 규례들을 알려주고 있는 책이다.
* 그러한 규례들은 하나님의 백성들이 어떻게 하면 하나님을 올바로 섬기고, 또 어떻게 하면 하나님의 백성으로서 거룩한 삶을 살아갈 수 있는지를 올바로 안내해 주는 **삶의 지침서**다.
* 또한 하나님께 드리는 예배에 관한 특별한 방법을 상세하게 기록하였다.

민수기(民數記, Numbers)

1. 개요

저자	모세(Moses)
기록 연대	BC 1446~1406년 경
주제	선민에 대한 하나님의 인도와 보호
주요 인물	모세, 아론, 여호수아, 갈렙
기록 목적	이스라엘 백성들이 왜 하나님께서 허락하신 땅 가나안으로 들어가지 못하고, 오랜 세월 동안 거친 광야에서 방황해야 했는지를 보여주기 위해 기록하였다.

2. 내용 요약

* 민수기는 '**광야의 방랑기**'라고 할 수 있다. 이스라엘 백성들이 약속의 땅 가나안으로 들어가기 전에 40년 동안 광야에서 어떻게 행진했고, 또 그 동안에 무슨 일들이 일어났는지를 보여주고 있다.

* 제목인 민수기는 인구조사의 기록이라는 의미로, 모세가 이스라엘 족속의 인구수를 조사한 데서 나온 것이라고 한다.

* 2차에 걸친 인구조사는 역사적으로는 그 자손들이 서로 연합하도록 하는 데에 목적이 있다. 그러나 인구조사의 최종 목적은 일종의 병적조사로서 전쟁을 앞두고 전열을 가다듬었음을 우리에게 설명하고 있다.

* 출애굽 이후, 이스라엘 백성들은 시내 산에서 1년이 넘도록 계속 머물면서 거기에서 율법을 받고 성막을 세웠다.

* 민수기에 의하면, 하나님께서 이스라엘 백성들이 광야 길을 걷게 하신 뜻이 그들을 낮추시고, 겸손하게 만드시고, 하나님의 명령을 잘 준수 하는 가를 시험하시기 위함이었다고 나와 있다.

* 또한 민수기는 이스라엘 백성들이 어떻게 하나님께 범죄 했고, 또한 어떤 형벌을 하나님으로부터 받았는지를 증거하고 있다. 애굽의 노예생활에서 구원 받고 하나님과 언약을 맺었던 이스라엘 백성들이 믿음과 감사와 순종의 삶을 살지 못하고 배반과 불신과 불순종을 했던 사실을 상세히 기록하고 있다.

신명기(申命記, Deuteronomy)

1. 개요

저자	모세(Moses)
기록 연대	BC 1446년 경
주제	언약의 갱신 및 순종에 따른 축복
주요 인물	모세, 여호수아
기록 목적	하나님께서 이스라엘 백성들을 위해 무엇을 행하셨고, 또 얼마나 큰 은혜를 베푸셨는지를 다시금 상기시켜 줌으로써 하나님의 말씀에 순종하게 하려고 기록하였다.

2. 내용 요약

* 신명기는 모세 5경의 '**종합판**'이라고 할 수 있는 책이다. 대부분 출애굽기, 레위기, 민수기 등에 등장했던 가르침이 반복되는 내용이 많다.
* 신명기에는 광야 생활을 회고하는 내용과 율법(레위기)을 설명하는 내용, 그리고 모압 땅에서 추가된 율법에 대한 내용이 기록되어 있다.
* 한자의 뜻으로 신(申)은 '**다시 하다**', '**되풀이 하다**'의 의미이고, 명(命)은 '명령 하다'라는 의미이다. 즉 신명기는 시내 산에서 받은 하나님의 계명과 법도와 율례(律例)를 다시 가르친다는 의미가 되는 것이다.
* 이스라엘 민족이 약속의 땅 가나안으로 들어가기 전, 죽음을 앞둔 모세가 그들에게 작별인사를 하는 형식으로 기록되어져 있다.
* 이 책은 이스라엘 민족의 과거를 회상하고, 모세가 시나이에서 사람들에게 전한 율법을 되풀이하며, 이제 곧 소유하게 될 약속의 땅에서 이스라엘 민족이 행복을 누리려면 이 율법은 반드시 지켜야 한다고 강조하고 있다.
* 모세는 요단 강 건너편 모압 평지에서, 광야에서 태어나 이제 약속의 땅에 들어가려고 하는 이스라엘 백성 2세대에게 광야에서 죽은 아버지 세대처럼 불순종하지 말 것을 당부한다.

여호수아(Joshua)

1. 개요

저자	여호수아(Joshua) 및 익명의 저자
기록 연대	BC 1350 ~1050년 경
주제	언약의 갱신 및 순종에 따른 축복
주요 인물	여호수아, 엘르아살, 비느하스
기록 목적	하나님께서 일찍이 약속하신 바, "가나안 땅을 줄 것이다"라는 말씀이 실제로 이스라엘 역사 속에서 어떻게 구체적으로 이루어지는지, 그 과정을 보여주려고 기록하였다.

2. 내용 요약

 * '여호수아'라는 이름은 '**구원하시는 여호와**'라는 뜻이라고 한다. 즉 '예수'와 같은 뜻을 가진 이름이다 (마 1:21).
 * 이 책은 모세 5경과 그 이후의 이스라엘 역사를 이어주는 교량 역할을 하고 있다. 이집트를 나온 이스라엘 백성들이 어떻게 가나안 땅의 많은 대적들과 싸워 이겼고, 가나안 땅의 어디를 차지했으며, 또 그 땅이 어떻게 이스라엘 12지파들에게 분배되었는지를 보여주고 있다.
 * 이 책은 아브라함과 이삭과 야곱에게 약속하셨던 그 언약들이 성취되어가는 책이다. 여기에서 우리가 꼭 기억할 것은 이 모든 것이 '하나님의 약속의 성취'라는 사실이다.

 〈주요 내용〉
 1) 여호수아의 지도자 취임
 2) 여리고 성으로의 정탐꾼 파송
 3) 가나안 중부 전투
 4) 가나안 남부 전투
 5) 가나안 북부 전투
 6) 전쟁 결산, 토지 분배
 7) 여호수아의 고별사

사사기(士師記, Judges)

1. 개요

저자	확실하지 않음. 혹은 사무엘(Samuel)?
기록 연대	BC 1050~1000년 경
주제	인간의 타락과 하나님의 용서
주요 인물	드보라, 기드온, 입다, 삼손
기록 목적	하나님은 이스라엘 백성들이 죄악의 길에 빠지면 징벌하시지만, 또한 그들이 잘못을 깨닫고 회개하면 언제든지 용서해 주신다는 사실을 알려주기 위해 이 책을 기록하였다.

2. 내용 요약

* 사사기는 가나안 정복 전쟁 지도자인 여호수아의 죽음 이후, 이스라엘의 초대 왕 사울이 즉위하기까지, 종교적인 암흑기 시대에 해당하는 대략 340~360여 년의 시기에 일어난 이스라엘의 역사를 기록한 책이다.

* 그 시기에 이스라엘은 가나안 땅의 우상 문화에 깊이 빠져 타락했다. 이에 하나님은 그들을 징계하셨는데, 그들이 회개하면 구원자 곧 '사사'를 보내면서 그들을 구원해 주셨다.

* 사사(士師)들은 왕을 세우기 전 이스라엘 백성의 지도자로, 재판관으로 하나님의 세우심을 받아 일했다.

* 하나님이 사사를 세우지 않았을 때 인간은 자기 소욕대로 행했다.

* 가나안 땅에 돌아간 이스라엘 백성의 생활상, 하나님을 잘 섬길 때에는 평안하였고, 우상을 섬길 때에는 어려움을 당한 교훈을 통해서 하나님의 진노의 사실을 알려주고 있다.

* 이스라엘이 종교적인 암흑기가 된 원인으로는 여호수아가 후계자를 세우지 않았고, 토지 분배로 인한 힘의 분산, 백성들에게 성경을 잘 가르치지 않은 것 등 다양하다.

룻기(Ruth)

1. 개요

저자	확실하지 않음, 혹은 사무엘? 에스라?
기록 연대	BC 11세기 말경
주제	이방 여인 룻의 효성과 신앙
주요 인물	룻, 나오미, 보아스
기록 목적	암울하고 타락한 사사(士師) 시대에, 모압 여인 룻을 중심으로 하나님의 놀라운 섭리와 룻의 아름다운 효성 및 신실한 신앙 이야기를 들려주기 위해 기록하였다.

2. 내용 요약

* 사사 시대를 배경으로 펼쳐지고 있는 룻기는, 한 현숙한 이방 여인 룻에 관한 이야기다. 기록자는 확실하지 않으나 사무엘이라고 하는 사람이 많다. 룻기는 굉장히 짧아서 4장에 그치고 있다.

* 이 책은 우리에게 효도와 다윗의 혈통을 보여주며, 특별히 하나님을 섬기도록 선택 받은 사람이 받는 복을 보여준다.

* 룻은 다윗 왕의 증조할머니가 되는 여인이다. 그리고 그 품에서 다윗과 솔로몬이 나왔다고 성경은 말하고 있다.

* 영적 암흑기인 사사 시대에, 시어머니인 나오미와 함께 유대 땅 베들레헴으로 이주해온 모압 여인 룻의 신실한 신앙과 지극한 효의 모습이 그 시대 이스라엘의 추수, 결혼, 풍습 등과 어우러져, 마치 한편의 단편소설처럼 아름답게 묘사되었다.

* 이 책을 통하여 나오미와 룻은 성도의 옛 모습을 우리에게 실감 있게 보여주고 있다.

사무엘상(1 Samuel)

1. 개요

저자	확실하지 않음, 혹 사무엘(?)이나 선지 생도(?)
기록 연대	BC 930년~722년 경
주제	사울 왕가의 설립과 몰락
주요 인물	엘리, 사무엘, 사울, 요나단, 다윗
기록 목적	이스라엘의 마지막 사사인 사무엘과 이스라엘의 초대 왕인 사울, 그리고 이스라엘의 성군이자 하나님의 마음에 합한 자인 다윗의 생애를 보여주기 위해 기록하였다.

2. 내용 요약

* 사무엘서(上, 下)는 이스라엘의 '왕정체제 설립'을 주제로 하고 있다.
* 그 중 첫 번째 이야기인 사무엘상(上)은 이스라엘의 마지막 사사이며 최초의 선지자인 사무엘의 출생으로부터 이스라엘의 초대 왕이 된 사울의 죽음에 이르기까지, 대략 1세기의 사건을 다룬 부분으로, 곧 사사 시대를 마감하고 왕정 시대의 막을 여는 전환기적인 역사 이야기다.
* 사무엘은 사사(士師)요, 제사장이요, 선지자(先知者)이다. 그리스도의 신분과 사역을 예표(豫表)한다.
* 사무엘상에서는 네 가정(사무엘, 엘리, 사울, 다윗)의 이야기를 우리들에게 보여주고 있다.
* 이스라엘 백성이 왕을 요구하자 사울이 첫 번째 왕으로 기름 부음을 받음. 그러나 사울이 블레셋과의 전투에서 죽고, 사무엘상의 이야기가 마무리됨.

사무엘하(2 Samuel)

1. 개요

저자	확실하지 않음, 혹 사무엘(?)이나 선지 생도(?)
기록 연대	BC 930년~722년 경
주제	다윗 왕국의 설립과 번영
주요 인물	다윗, 이스보셋, 요압, 압살롬
기록 목적	사울 왕가의 몰락과 더불어 다윗 왕국의 정착 및 중흥 과정을 보여주고, 또 다윗 왕의 의로운 통치를 통해 장차 올 메시야 왕국을 대망하게 하려고 기록하였다.

2. 내용 요약

* 이 책은 다윗 왕의 통치 기간인 40년 동안의 모든 사건을 기록한 역사서로서 다윗 왕의 등극으로부터 시작하여 인구조사에 대한 징계로 끝을 맺고 있다.

* 사무엘은 다윗이 이스라엘의 왕으로서 어떻게 국가를 하나님의 공의로 통치하였는지를 이 책을 통하여 보여주고 있다.

* 다윗은 유다 자파만의 왕으로 7년 반을 통치한 후, 북쪽 자파들 전체의 동의를 얻어 결국 통일왕국의 왕으로 추대된다.

* 다윗은 하나님을 향한 깊은 신앙의 소유자였을 뿐만 아니라 이스라엘 전체를 공의(公義, justice)로 통치했던 훌륭한 왕이었다.

* 또한 다윗이 실수하거나 죄를 범한 내용도 '사무엘하'(下)는 기록하고 있다. 그러함에도 다윗은 자신의 죄를 고백하고 하나님 앞에 무릎을 꿇고 겸손함을 보여주는 면모를 보여주고 있다.

열왕기상(1 Kings)

1. 개요

저자	확실하지 않음, 혹 예레미야 선지자(?)
기록 연대	BC 562년~537년경
주제	왕들의 역사와 하나님의 주권
주요 인물	솔로몬, 르호보암, 여로보암, 엘리야
기록 목적	유다 왕들과 이스라엘 왕들의 기록을 통해서, 하나님의 말씀에 순종하는 것이 나라가 번영하고 백성들이 평강을 누리는 길임을 알려주기 위해 기록하였다.

2. 내용 요약

* 기록자에 대하여 정확히는 알 수 없으나 '탈무드'에 의하면 예레미야가 이 책의 기록자라고 한다. 열왕기(列王記, the book of kings)라는 말은 왕들의 이야기가 나열된 책이라는 뜻이다.

* 이 책은 부왕 다윗을 이어 이스라엘의 세 번째 왕위에 오른 솔로몬 왕의 통치와 그가 예루살렘에 하나님의 성전을 건축한 이야기로 시작된다.

* 책의 주요 내용은 이스라엘 민족의 가장 융성했던 시대로부터 점점 쇠퇴하여 져서 멸망하는 때까지 약 126년 동안의 역사 이야기다.

* 솔로몬 왕이 죽은 후에, 그의 아들인 르호보암 왕 때에 일어난 전쟁으로 말미암아 나라가 남유다와 북이스라엘로 분열되는 이야기, 그리고 각 왕조에서 등장하는 여러 왕들의 이야기가 번갈아 가면서 전개된다.

열왕기하(2 Kings)

1. 개요

저자	미상, 혹 예레미야 선지자(?)
기록 연대	BC 562~537년경
주제	왕들의 타락과 왕국의 멸망
주요 인물	엘리야, 엘리사, 히스기야, 요시야
기록 목적	유다와 이스라엘 왕들의 역사를 통해서 그 배후에 하나님이 계심을 알리고, 순종에는 축복을, 불순종에는 멸망을 가져온다는 불변의 진리를 일깨워 주려고 기록하였다.

2. 내용 요약

* '열왕기하'는 남과 북으로 갈라진 두 왕국(유다와 이스라엘)의 역사를 각각 소개하고 있다. 하지만 불행하게도 두 왕국이 모두 하나님을 외면하고 우상(偶像, idol)을 섬기면서 멸망으로 달려가고 있다.

* 하나님은 먼저 북왕국 이스라엘을 심판하셨고(BC 722년), 이어서 남왕국 유다도 심판하였다(BC 586년).

* 그러나 하나님께서는 그들을 회개시키려고 엘리야에 이어 엘리사 선지자를 보내시고, 또 많은 선지자들을 추가로 보내어 책망하기도 하고 달래기도 하십니다.

* 결국 이 모든 하나님의 뜻은 수포로 돌아가고 북이스라엘은 앗수르 제국에, 남유다는 바벨론 제국에 각각 멸망되어 백성들이 포로로 끌려가게 되는 비참한 상황을 맞이하게 된다.

역대상(1 Chronicles)

1. 개요

저자	에스라(Ezra)
기록 연대	BC 450~430년경
주제	다윗 왕국과 하나님의 통치
주요 인물	사울, 다윗, 솔로몬
기록 목적	다윗의 통치에 관해 하나님께서 어떻게 평가하셨는지 보여주고, 다윗을 통한 하나님의 신정(神政) 정치의 영화를 회상함으로써 여호와 신앙을 회복하도록 기록하였다.

2. 내용 요약

* 이 책의 이야기는 거의 대부분 다윗 왕에 관한 이야기들로 채워져 있다.

* 제사장의 관점에서 성전(聖殿, holy temple)을 중심으로 기록된 이 책은 다윗이 하나님이 택한 백성인 이스라엘의 왕으로서 무슨 일을 행하였고, 또한 그가 어떻게 하나님을 더욱 잘 섬기기 위해 예루살렘 성전의 예배제도를 체계적으로 조직하고 정비했는지를 집중적으로 보여주고 있다.

* 히브리 성경에는 역대(歷代)가 한 권으로 되어 있다고 한다.

* 〈역대상〉은 아담에서 출발해서 사울 왕가의 몰락, 다윗 왕의 이야기, 그리고 솔로몬이 이스라엘의 세 번째 왕으로 등극하는 곳까지의 이야기를 기록했다.

* 〈역대하〉에서는 솔로몬의 이야기로 시작해서 유다 열왕(列王)들의 이야기와 바벨론 포로를 거쳐서 고레스 왕의 칙령까지의 이야기를 다루고 있다.

* 아담으로부터의 족보가 기록된 것은 성경의 역사성을 나타내며, 시대를 통하여 하나님께서 특별히 선택하여 주심을 계시(啓示, revelation)하는 것이다.

역대하(2 Chronicles)

1. 개요

저자	에스라 (Ezra)
기록 연대	BC 450~430년경
주제	다윗 왕국과 하나님의 통치
주요 인물	솔로몬, 여호사밧, 히스기야, 요시야
기록 목적	유다 왕들의 통치를 기록함으로써 다윗 왕조인 남왕국 유다의 정통성을 강조하고, 성전 건축의 역사와 제사 제도 및 성전 예배의 정립을 보여주려고 기록하였다.

2. 내용 요약

* 다윗의 후계자인 솔로몬 왕으로부터 마지막 왕인 시드기야까지 '**유다 왕들**'에 관한 이야기를 다룬 이 책은 유다 왕들의 삶을 통해 우리에게 교훈을 준다.

* 즉 하나님께 순종하면 나라가 번영하지만 불순종하면 쇠퇴한다는 것이 그것이다.

* 그러나 대체적으로 유다의 왕들은 하나님께 불순종했기 때문에 결국 유다는 멸망하고, 하나님의 백성들은 바빌로니아의 포로가 되고 말았다.

* 〈1장~9장〉은 솔로몬 왕의 통치와 성전건축과 제사(예배)에 관한 기록이 대부분이고,

* 〈10장〉부터는 나라가 분열되고 성전 예배를 떠난 백성들의 생활상과 비극, 나라의 멸망과 포로생활 70년의 역사를 담은 기록이다.

에스라(Ezra)

1. 개요

저자	에스라(Ezra)
기록 연대	BC 444년경 이후
주제	유대인들의 본토 귀환과 성전 재건
주요 인물	스룹바벨, 에스라
기록 목적	바빌로니아 포로들의 귀환을 통해 언약을 지키시는 하나님의 신실하심을 보여주고, 또 포로 귀환 이후에 진행된 제2 성전의 건축 역사를 보여주기 위해 기록하였다.

2. 내용 요약

* 이 책은 '역대하'의 마지막 부분과 이어져 연결되는 바,

* 오래 전에 바빌로니아 땅의 포로가 된 하나님의 백성들이 어떻게 가나안 땅으로 돌아오게 되었고, 또 어떻게 성전을 다시 건축하게 되었는지를 보여준다.

* 특히 하나님의 성전을 다시 건축 할 때 대적자(對敵者)들의 방해가 극렬했지만, 모든 어려움을 극복하고 마침내 성전을 건축한 사실이 감동적이다.

* 기록자 에스라는 학사(신약 율법사)이자 제사장이었다. 그는 하나님의 율법을 연구하고 행하고 가르치겠다는 사명을 가슴에 품고 제2차로 예루살렘에 귀환한다.

* 〈1장~6장〉은 첫 번째 귀환과 성전재건의 기록이다.

* 〈7장~10장〉은 두 번째 귀환과 이방 여인을 아내로 취한 사람들에게 헤어질 것을 권하고 있다.

느헤미야(Nehemiah)

1. 개요

저자	느헤미야(Nehemiah)
기록 연대	BC 420년경 전후
주제	예루살렘 성벽의 재건과 신앙의 회복
주요 인물	느헤미야, 에스라
기록 목적	유다 총독 느헤미야에 의한 제3차 포로귀환의 과정과 예루살렘 귀환 후 예루살렘 성벽 재건의 사역을 통한 유다 백성의 신앙 부흥의 모습을 기록하였다.

2. 내용 요약

* 1차 귀환자들이 예루살렘에 돌아 온지 90여 년의 세월이 흘렀음에도 불구하고, 예루살렘 성벽은 여전히 그대로 방치된 채 무너져 있어 힘없는 백성들은 강도와 짐승들의 위협에 떨고 있었다.

* 느헤미야는 페르시아 왕의 허락을 얻어 예루살렘 총독으로 파견된 후 52일 만에 성벽 재건을 성공적으로 완수한다.

* 이 책은 무너진 예루살렘 성벽의 재건을 통해 예루살렘 귀환자들의 정치적, 사회적 안정과 부흥을 주된 내용으로 다루고 있다.

* 특히 그 일을 주도한 느헤미야가 어떻게 성벽 재건과 참된 예배제도를 확립하려고 노력했는지를 묘사하고 있다. 이 같은 과정에서 나타난 느헤미야의 탁월한 지도력은 오늘날 교회 지도자들이 본받아야 할 좋은 모범이다.

* 또한 느헤미야는 에스라 제사장과 협력하여 유대인들의 절기인 초막절 기간 동안, 성경통독 집회도 열었다.

에스더(Esther)

1. 개요

저자	알 수 없음 혹 모르드개(?)
기록 연대	BC 464~436년경
주제	택한 백성을 돌보시는 하나님
주요 인물	에스더, 모르드개, 하만
기록 목적	에스더와 모르드개의 이야기를 통해, 하나님은 세상 어느 곳에서든 모든 상황을 주관하시는 분임과 그분은 자기 백성을 돌보시는 분임을 보여주기 위해 기록하였다.

2. 내용 요약

* 이 책에서는 '하나님'이나 '여호와'라는 단어가 직접 등장하지는 않지만, 이야기 곳곳에서 그분의 손길을 느낄 수 있다.

* BC 5세기 말엽, 페르시아의 수산 궁을 배경으로 하는 본서는 '**에스더**'라는 한 유대 여인이 어떻게 페르시아 제국의 왕후가 되었고, 또 어떻게 자기 민족을 파멸의 위기에서 구출했는지에 대해 보여주고 있는 놀라운 구원의 이야기다.

* 에스더의 일생을 보면, 하나님을 사랑하는 자들에게는 모든 것이 협력하여 선을 이루심을 볼 수 있다.

* 이 책은 슬픔이 변하여 기쁨이 되고, 애통이 변하여 춤이 되게 하신 하나님의 섭리의 역사가 기록되어 있는 역사서이다.

욥기(Job)

1. 개요

저자	확실하지는 않으나 '욥'으로 보는 학자가 많다.
기록 연대	모름, 배경은 '족장 시대'
주제	전능자 하나님의 절대적인 주권
주요 인물	욥, 욥의 세 친구, 엘리후
기록 목적	세상의 모든 사건들은 하나님의 섭리와 통제 아래에 있다는 것과 경건한 욥의 고난을 통해 하나님의 절대 주권 및 참된 신앙의 의미를 가르쳐 주려고 기록하였다.

2. 내용 요약

* 욥기에 **홍수 시대**는 기록되어 있고, **소돔과 고모라**의 멸망 역사는 기록되지 않은 것으로 보아 욥은 아브라함 시대 사람으로 보여 진다.
* 욥은 실존 인물이다(겔 14:14). 욥은 의로운 사람이었으나 사탄의 시험으로 재산, 가축, 건강을 모두 잃음.
* 족장 시대를 배경으로 하는 이 책은, 경건한 의인 욥의 고난을 통해서 "신은 과연 정의로운가?"라는 이른바 신정론(神正論)의 문제를 다루고 있는 문학적 양식의 신학적인 책이다.
* 이 책은 신앙이 깊은 사람이 당하는 고통에 하나님의 공의(公義)와 사랑이 어떻게 조화롭게 적용 되는 지를 보여주고 있다.
* 욥과 세 친구가 고난의 원인과 하나님의 공의에 대해 논쟁하며 갈등함.

시편(Psalms)

1. 개요

저자	다윗(David)과 그 외 여러 명
기록 연대	BC 15세기~5세기경
주제	하나님께 대한 찬양과 경배(敬拜, bowing respectively)
주요 인물	다윗, 아삽, 고라 자손
기록 목적	하나님께 대해 기쁨과 슬픔, 감사와 찬양, 죄의 고백 및 회개 등을 표현하고, 또한 이스라엘의 각종 예배와 축제 때 찬양 및 신앙의 교본으로 삼기 위해 기록하였다.

2. 내용 요약

* 이 책은 150편의 영감 어린 시(詩)들이 모두 5권으로 편집되었다. 하나님께 드리는 찬양, 감사, 경배의 시들로 하나님의 위대함과 신실함을 노래하고 있다.

* 이 책은 모세로부터 에스라에 이르기까지 1,000여 년의 기간 동안 다양한 저자들에 의해 하나님을 찬양한 노래와 시들의 모음집이다.

* 시편의 각 저자들은 이 책에서 하나님께 대하여 자기들이 무엇을 어떻게 느꼈으며, 또 자신들의 삶속에서 무엇이 일어났는지를 아름답고 영감 어린 시로서 노래하였다.

* 시편은 제2성전 시대의 찬송가라고 한다.

〈시편의 분류〉

1) 하나님께 도움을 요청하는 탄원 시(歎願詩)

2) 공동체나 개인이 부르는 찬양 시(讚揚詩)

3) 하나님의 왕권이나 이스라엘의 왕을 찬양하는 제왕 시(帝王詩)

4) 교훈과 지혜를 가르치는 지혜 시(智慧詩)

5) 성전에서 드리는 예배를 배경으로 하는 예배 시(禮拜詩)

잠언(箴言, Proverbs)

1. 개요

저자	솔로몬 (Solomon) 외 몇 명
기록 연대	BC 950~700년경
주제	하나님을 경외(敬畏, reverence)함이 지혜의 근본
주요 인물	솔로몬, 아굴, 르무엘
기록 목적	하나님을 경외하는 것이 지혜의 근본임을 뭇 사람들에게 올바로 깨우쳐, 무엇보다 하나님을 경외하는 신앙으로 참된 지혜의 삶을 살아가게 인도하려고 기록하였다.

2. 내용 요약

* 잠언(箴言)은 대부분 솔로몬 왕에 의하여 기록된 바, 예언이나 교리는 포함 되어 있지 않고 속담과 격언 형태의 지혜서로 되어 있다.

* 그러나 이 책에서 가리키는 지혜는 일반적으로 말하는 처세술이 아니라 '**경건한 삶**'을 가리킨다. 그래서 잠언은 '**하나님을 경외하는 것**'이 참된 지혜의 근본임을 거듭해서 강조하고 있다.

〈솔로몬이 말하는 지혜〉

1) 하나님을 경외하며 의뢰하는 것

2) 인간의 부족함과 나약함을 아는 것

3) 정직한 마음으로 진실을 말하는 것

4) 가난한 이웃을 돌아보고, 좋은 친구를 사귀는 것

5) 훈계와 징계 받기를 즐겨하는 것

6) 입술의 말을 조심하고, 악인의 형통을 부러워하지 않는 것

7) 부지런한 삶의 자세를 갖는 것

전도서(Ecclesiastes)

1. 개요

저자	솔로몬 (Solomon)
기록 연대	BC 935년경
주제	하나님 없는 인생의 헛됨과 무의미함
주요 인물	*솔로몬(다윗의 아들, 지혜의 왕)
기록 목적	솔로몬 왕이 젊은 날의 삶과 경험을 바탕으로, 모든 세대들에게 하나님 없는 삶, 하나님을 떠난 삶은 다 헛되고, 아무 의미가 없다는 사실을 일깨워 주려고 기록하였다.

2. 내용 요약

* 이스라엘 왕 솔로몬이 자신의 인생 말년에 기록한 본서는 스스로의 체험을 바탕으로 인생을 깊이 있게 성찰한 자서전적 고백록(告白錄)이다.
* "전도자가 이르되, 헛되고, 헛되며, 헛되고, 헛되니, 모든 것이 헛되도다"(전 1:2)는 너무도 유명한 성경 구절이다.
* 이 책을 통해서 솔로몬 왕은 하나님 없는 인생이 얼마나 허무하고 불행한 삶인지, 그와는 반대로 하나님을 경외하고 그분의 말씀대로 살아가는 인생이 얼마나 가치 있고 복된 것인지를 잘 가르쳐 주고 있다.
* 전도서에서 솔로몬은 많은 사람들이 이 땅에서 살아가는 동안 온갖 권모와 술수를 다하여 부와 안락을 찾아다니고, 마치 그것이 세상을 잘 사는 지혜인양 떠들고 있을 때, 이미 그 누구보다 더 많은 것을 누려본 솔로몬은 하나님을 떠난 그 모든 것이 결국은 다 헛된 일이라고 외친다.
* 한편 솔로몬은 전도서를 통해서 창조주 하나님을 기억하며, 하나님을 경외하며, 공의와 정의를 행하는 것이야말로 한번 뿐인 인생을 진실로 가치 있게 살아가는 것이라고 교훈하고 있다.

아가(Song of Songs)

1. 개요

저자	솔로몬 (Solomon)
기록 연대	BC 970~960년경
주제	자기 백성을 향한 하나님의 사랑
주요 인물	솔로몬(신랑), 술람미 여인(신부)
기록 목적	신랑 신부 간의 순수한 사랑을 통한 결혼의 중요성을 보여주고, 이 같은 신랑신부의 사랑 이야기를 통해 자기 백성을 향한 하나님의 사랑을 묘사하려고 기록하였다.

2. 내용 요약

* 풍부한 시적 은유와 다양한 상징의 수사학적인 기법으로 묘사한 본서는, 한 왕과 그가 결혼하기를 원하는 한 여인과의 순수한 사랑을 묘사하고 있는 아름다운 연가(戀歌)다.
* 하지만 이 책의 진정한 가치는 그런 남녀 간의 사랑 이야기를 통해 자기 백성을 향한 하나님의 지고한 사랑과 교회를 향한 그리스도의 지순한 사랑을 알려주는 데 있다.

〈아가의 해석〉
1) 문자적인 해석(문리 해석) : 솔로몬과 그의 신부와의 대화
2) 비유적인 해석 : 이스라엘을 위한 하나님의 사랑
3) 예표적(豫表的)인 해석 : 그리스도와 교회와의 사랑(통설)

이사야(Isaiah)

1. 개요

저자	이사야 (Isaiah)
기록 연대	BC 700~680년경
주제	죄에 대한 심판과 남은 자들의 구원
주요 인물	이사야, 히스기야 (유다 왕)
기록 목적	이스라엘 백성의 죄악을 지적하여 그들이 죄를 깨닫고 회개하도록 인도하고, 또한 장차 오실 메시야를 통해 하나님의 구원이 이루어질 것임을 알려주려고 기록했다.

2. 내용 요약

* 이 책의 저자인 이사야는 유다 왕 웃시야 말년부터 므낫세 초기까지 활동한 선지자(先知者, prophet)였다.

* 이사야의 예언으로 유대 왕 아하스가 통치하게 되자 백성들은 우상숭배와 도덕적 타락에 빠졌다. 이때 이사야는 하나님의 백성들에게 그들이 계속해서 죄를 짓는다면 하나님으로부터 진노의 심판을 받을 수밖에 없다는 사실을 강력히 경고했다.

* 이스라엘과 유다의 죄를 책망하고 회개를 촉구하며, 하나님의 심판과 구원을 예언함.

* 하지만 선지자는 하나님을 경외하는 신앙심을 갖도록 경고하고 호소하면서도 하나님이 얼마나 자비롭고 사랑이 많으신 분인지, 얼마나 놀라운 약속들을 많이 주셨는지를 알려주면서 백성들을 위로했다.

예레미야(Jeremiah)

1. 개요

저자	예레미야 (Jeremiah)
기록 연대	BC 627~586년경
주제	하나님의 심판과 구원의 새 언약 (言約, covenant)
주요 인물	예레미야, 요시야, 시드기야
기록 목적	죄악에 대해 하나님의 심판이 반드시 있을 것임을 눈물로 경고함으로써, 유다 백성들이 자신들의 죄악을 깨닫고 회개하여 하나님께 돌아오도록 인도하려고 기록하였다.

2. 내용 요약

* 예레미야는 베냐민 땅 힐기야 제사장의 아들로 태어난 선지자이다.

* 예레미야는 40~50여 년에 이르는 동안 사역(使役)한 것으로 전해지는 바, 예레미야의 눈물어린 호소를 거부했던 남유다의 시드기야 왕은 결국 바빌로니아 군대의 침략으로 멸망하였다.

* 아울러 예레미야는 장차 이루어질 '새 언약'의 놀라운 비전을 백성들에게 제시하고, 이스라엘과 유다의 죄악을 책망하며 회개하지 않을 경우 임할 바벨론의 심판을 경고함.

* 하나님의 구원 계획과 새 언약의 약속을 통해 회복과 소망을 선포함.

예레미야애가(Lamentations)

1. 개요

저자	예레미야 (Jeremiah)
기록 연대	BC 586년경
주제	예루살렘 멸망의 참상과 새 소망의 비전
주요 인물	예레미야 (눈물의 선지자)
기록 목적	바빌로니아 군대에게 멸망당한 성도(聖都) 예루살렘에 대해 깊은 슬픔을 표하고, 아울러 죄악이 얼마나 무서운 결과를 초래했는지를 일깨워 주려고 기록하였다.

2. 내용 요약

* 이 책은 예루살렘의 멸망과 참상을 읊은 조가(弔歌)이다. 예루살렘의 멸망으로 인한 슬픔과 고통을 애가의 형식으로 표현함.
* 예루살렘의 멸망과 황폐함을 슬퍼하는 애가(哀歌)는 하나님의 백성들이 지은 죄와 반항 때문에 당한 고통과 불행, 선지자의 고통, 하나님께 구원의 자비를 구하는 최후의 기도 등이 기록되어 있다.
* 예레미야는 '**눈물의 선지자**'라고 불릴 정도로 그의 삶에는 많은 눈물과 아픔이 있었다.

〈예레미야애가의 성격〉
 1) 하나님의 무서운 징벌을 초래한 죄악에 대한 회개(悔改)의 노래
 2) 슬픔 속에서도, 하나님의 언약을 믿는 가운데 다시금 회복될 날을 기대하는 소망(所望)의 노래

에스겔(Ezekiel)

1. 개요

저자	에스겔(Ezekiel)
기록 연대	BC 593년~570년경
주제	하나님의 심판과 이스라엘의 회복
주요 인물	에스겔, 시드기야, 느부갓네살
기록 목적	예루살렘과 하나님의 백성에게 닥친 비극적인 상황은 죄에 대한 하나님의 심판임을 알려줌으로써, 이제라도 속히 회개하고 신앙을 회복하도록 하기 위해 기록하였다.

2. 내용 요약

* 바빌로니아의 제2차 침공 때 여러 기술자들과 함께 포로가 되어 그곳으로 끌려간 에스겔은 하나님으로부터 선지자의 소명을 받고 포로민들을 위해 활동한다.

* 에스겔은 포로로 된 백성들을 향하여 모든 일이 죄악에 대한 하나님의 심판임을 일깨워 주고, 이제라도 하나님 앞에 회개하고 돌아가면 하나님의 은혜로 다시금 회복될 수 있을 것이라고 격려한다.

* 이스라엘의 죄악과 우상 숭배에 대한 하나님의 심판을 예언하고, 예루살렘의 멸망을 선포함.

〈책의 주요 내용〉

 1) 예루살렘의 멸망이 임박했음을 설파하는 장면

 2) 유대인들의 죄악상 설명

 3) 영혼을 사냥하는 거짓 선지자 이야기

 4) 이방 나라들에 대한 심판 예언

 5) 기타, 이기심에 빠진 목자들에 대한 말씀 등

다니엘(Daniel)

1. 개요

저자	다니엘(Daniel)
기록 연대	BC 530년경
주제	인류 역사의 주관자이신 하나님
주요 인물	다니엘, 느부갓네살
기록 목적	이스라엘을 비롯하여 세계 열국(列國)의 모든 역사를 주관하시는 하나님의 절대 주권을 보여줌으로써, 바빌로니아의 포로가 된 하나님의 백성에게 소망을 주려고 기록하였다.

2. 내용 요약

* 이 책은 '구약의 계시록'으로 불릴 만큼 놀랍고 신비한 계시(啓示)의 환상들로 가득한 책이다.

* 다니엘이 왕들의 꿈을 해석하며 하나님의 주권과 열국의 역사를 예언함.

* 하나님께서는 포로로 잡혀간 유대인 청년(다니엘)을 통해서 이스라엘과 세계 열방의 운명에 대한 미래의 역사를 환상을 통한 묵시문학적인 상징주의 표현으로 전달해 주셨다.

* 이 책은 대선지서에 속한다.

〈참고〉

대선지서라 함은 선지서 중에서 상대적으로 기록물이 많은 선지서를 뜻하는 것으로 이사야, 예레미야, 예레미야애가, 에스겔, 다니엘의 5개서를 말한다.

호세아(Hosea)

1. 개요

저자	호세아(Hosea)
기록 연대	BC 755년~722년경
주제	하나님의 심판과 변하지 않는 사랑
주요 인물	호세아, 고멜(호세아의 아내)
기록 목적	호세아의 아내인 고멜의 사건을 통해 하나님의 사랑이 얼마나 신실한 것인지를 보여줌으로써 죄와 우상숭배에서 돌이켜 하나님께 나아오도록 하기 위해 기록하였다.

2. 내용 요약

* 호세아 선지자는 하나님의 명령을 따라 '**음란한 여자 고멜**'을 아내로 맞이하여 음란한 자식을 낳는 기막힌 체험을 통해, 그 시대 북이스라엘을 향하신 하나님의 마음을 이해하게 된다.

* 이스라엘 민족과 하나님의 관계를 남편과 아내의 관계로 비유하여 설명한 사건이다. 즉 선지자의 개인적인 가정사를 통해 이스라엘을 향한 하나님의 변하지 않는 사랑을 생생하게 보여주고 있다.

* 북왕국 이스라엘의 말기에 사마리아를 무대로 활동한 선지자 호세아는 깊은 죄악과 우상숭배에 빠진 이스라엘 백성들을 향해 하나님의 사랑과 심판을 선포하면서, 속히 회개하고 돌이킬 것을 강력하게 촉구하였다.

* 그러나 호세아 선지자의 외침 이후 얼마 지나지 않아 북이스라엘은 멸망하게 된다.

요엘(Joel)

1. 개요

저자	요엘(Joel)
기록 연대	BC 830년경
주제	주의 날, 곧 주의 심판과 구원의 날
주요 인물	요엘, 유다 백성들
기록 목적	메뚜기 떼의 재앙을 통해 죄악에 빠진 유다 백성들에게 장차 하나님의 심판 날이 닥칠 것임을 경고함으로써, 죄악에서 돌이켜 하나님께 순종하게 하려고 기록했다.

2. 내용 요약

* 선지자 요엘은 '**임박한 환란**'과 그에 따른 백성들의 회개를 촉구하고 있는데, 이는 범죄하여 스스로 재앙을 재촉하고 있는 이스라엘 백성들에게 회개(悔改, repentance)를 촉구하시는 하나님의 말씀이었다.

* 요엘은 엄청난 파괴력을 지닌 '**메뚜기 떼의 습격**'이라는 자연 재해를 통하여, 장차 임할 하나님의 두려운 심판을 경고하였다.

* 그 심판의 날은 '**주의 날**'이다.
 1) 그 날에 하나님을 거역한 악인(惡人)들은 멸망할 것이고,
 2) 하나님을 경외한 의인(義人)들은 구원을 받게 될 것이다.
* 이 책에서 요엘은 이스라엘 민족이 장차 이방민족들에게 멸망되지만, 마지막 은혜의 때 곧 '**여호와의 날**'이 임할 것이라는 중요한 상징적 예언을 보여준다.

아모스(Amos)

1. 개요

저자	아모스(Amos)
기록 연대	BC 767년~745년경
주제	하나님의 공의(公義, justice)를 세우라
주요 인물	아모스, 아마샤, 여로보암 2세
기록 목적	하나님의 율법을 무시하고 우상을 숭배하며 가난한 자들을 착취하고 압제하는 사람들에게 앞으로 하나님의 공의로운 심판이 있을 것임을 경고해 주기 위해 기록하였다.

2. 내용 요약

* 선지자 아모스는 농촌에서 소를 키우던 목자였다. 아모스는 이스라엘의 부패한 종교와 사회적 불의를 강하게 비판하였으며, 이스라엘과 주변 민족들의 죄악을 책망하며 하나님의 심판을 선포했다.

* 여로보암 2세가 북왕국 이스라엘을 통치할 때, 나라는 크게 번영을 누리고 있었다. 그러나 외형적인 번영과는 반대로 내면적으로는 종교적인 위선, 도덕적 부패, 사회적인 불법 등이 온 땅에 가득했다.

* 그래서 아모스 선지자는 백성들의 죄악상을 예리하게 지적하는 가운데 하나님의 공약의 메시지를 외쳤으며, 다른 한편으로는 심판 후 하나님의 자비와 이스라엘의 회복을 약속하기도 하였다.

* 그러나 결국에는 주위에 있던 이방 민족이 먼저 하나님의 심판을 받게 되고, 그 후에 이스라엘을 다시 회복하실 것을 예언하셨다.

오바댜(Obadiah)

1. 개요

저자	오바댜 (Obadiah)
기록 연대	BC 848년~841년 경
주제	하나님의 공의(公義, justice)를 세우라
주요 인물	오바댜, 에돔 족속
기록 목적	에돔에 대한 하나님의 엄중한 심판을 통해서, 하나님과 그의 백성들에게 대적하는 세상의 모든 악한 세력에 대해 하나님의 주권을 보여주기 위해 기록하였다.

2. 내용 요약

 * 이 책은 모두 21절로 구성되어 구약성경 중 가장 짧지만, 유다의 인접국인 에돔에 대해 가장 강도 높은 하나님의 심판을 선포하고 있다. 그리고 이스라엘의 회복과 하나님 왕국의 승리를 약속함.

　에돔은 교만과 형제 나라 이스라엘을 학대한 죄로 하나님의 심판을 받음.

 * 이 책은 하나님께서 에돔에 대해서 말씀하신 묵시(默示)다. 에돔은 형제 나라인 유다가 멸망하는 것을 보면서 안타깝게 생각하기보다는 오히려 바벨론과 동맹을 맺어 자신들의 이득을 취하고 유다를 조롱하는 죄를 지었다.

　〈책의 주요 내용〉
 1) 1절~9절 : 에돔이 멸망할 것에 대하여
 2) 10절~16절 : 에돔이 멸망할 원인에 관하여
 3) 17절~21절 : 장래 시온에 대한 하나님의 은총이 예언되었다.

요나(Jonah)

1. 개요

저자	요나 (Jonah)
기록 연대	BC 760년경
주제	온 세상을 향한 하나님의 보편적 사랑
주요 인물	요나, 니느웨 성읍의 백성들
기록 목적	요나 선지자의 니느웨 선교를 통해, 하나님께 먼저 택함 받은 자들은 다른 사람들과 다른 나라들에 대해 하나님의 말씀을 전파할 사명이 있음을 보여주려고 기록하였다.

2. 내용 요약

* 이 책은 '**이방(異邦, foreign country) 선교**'의 사명을 일깨워주는 책으로, 하나님께서 요나를 선교사로 삼아 니느웨 성읍에 파송하는 이야기다.

* 처음에 요나는 하나님을 알지 못하는 이방 나라로 가기를 싫어했다. 요나는 하나님을 이스라엘만의 하나님으로 알았다.

* 요나가 하나님의 명령을 거부하고 도망가다가 물고기 뱃속에서 회개하고 니느웨로 가서 회개의 메시지를 선포함.

* 그러나 하나님은 이스라엘뿐만 아니라, 세계의 모든 민족을 사랑하고 그들도 하나님의 말씀을 듣고 회개하기를 원하셨다.

* 또한 순종하지 아니하는 선지자에 대하여 하나님께서 어떻게 하시는가를 교훈하고 있다.

미가(Micah)

1. 개요

저자	미가 (Micah)
기록 연대	BC 700년경
주제	유다에 임할 하나님의 심판과 회복
주요 인물	미가, 유다의 지도자들
기록 목적	부패하고 타락한 지도자들에게는 하나님의 공의 심판이 있을 것임을 경고하는 한편, 경건하고 신실한 백성들에게는 하나님의 구원 소망을 심어주기 위해 기록하였다.

2. 내용 요약

* 미가는 이사야와 같은 시대의 선지자로 이사야와 같이 겸손한 자세로 섬기는 것을 강조하며, '**경제 정의**'(經濟正義)를 부르짖은 선지자다.

* 이스라엘과 유다에 대한 예언. 피할 수 없는 하나님의 심판과 그리스도로 말미암은 은혜로운 회복에 대하여 예언하였다.

* 미가는 이스라엘과 유다의 죄악과 불의를 책망하며, 하나님의 심판을 경고했다. 또한, 메시야를 통한 구원과 평화, 그리고 하나님의 공의와 사랑에 기초한 회복을 약속하였음.

* 〈미가 5:2〉 "베들레헴 에브라다야 너는 유다 족속 중에 작을지라도 이스라엘을 다스릴 자가 네게서 내게로 나올 것이라. 그의 근본은 상고에, 영원에 있느니라." 예수님이 베들레헴에서 태어나실 것을 말씀한 구절로 본다.

나훔(Nahum)

1. 개요

저자	나훔 (Nahum)
기록 연대	BC 621년~612년경
주제	니느웨에 대한 하나님의 심판
주요 인물	나훔, 니느웨 성읍의 백성들
기록 목적	니느웨에 대한 엄중한 경고를 통해, 앗시리아가 아무리 강할지라도 그들의 교만과 죄악은 하나님에 의해 공의 심판을 받는다는 사실을 일깨워 주려고 기록하였다.

2. 내용 요약

* 일찍이 요나 선지자는 앗시리아의 수도 니느웨 성읍에 대하여 성공적인 선교 사역을 감당하였다. 그 당시 니느웨 백성들은 회개함으로써 하나님의 심판을 면할 수 있었다.

* 하나님의 공의와 주권을 통해 이스라엘의 구원과 적들의 멸망을 약속했으며, 니느웨와 앗수로 제국의 폭력과 악행에 대한 하나님의 심판을 선포하였다.

* 그러나 그로부터 대략 1세기가 흐른 후에 나훔 선지자는 니느웨의 철저한 멸망을 선포했다. 그들이 다시금 교만해져서 깊은 죄악에 빠져 있었기 때문이었다.

* 이 책에는 악인들을 심판하시는 하나님의 공의로움과, 그들의 압제 가운데 고난당하던 당신의 백성들을 구원하실 하나님의 사랑이 함께 담겨 있다.

하박국(Habakkuk)

1. 개요

저자	하박국 (Habakkuk)
기록 연대	BC 621년~612년경
주제	신앙의 고뇌와 최종 승리
주요 인물	하박국, 유다 백성, 갈대아 사람
기록 목적	하박국의 질문에 대한 답변을 통해, 세상에서 악인이 승리하는 것처럼 보이는 모순된 현실 속에서도, 하나님께서 여전히 세상을 주관하고 있음을 알려 주려고 기록하였다.

2. 내용 요약

* 선지자 하박국은 악인의 번영과 의인의 고통에 대해 하나님께 질문하며 해답을 구하였음.

"하나님은 과연 의로우신가? 만일 그렇다면 왜 세상에는 악인이 잘되고 의인은 고통을 받는가?"

* BC 7세기 초에 활동한 선지자 하박국은 이 같은 문제를 놓고 신앙의 갈등을 겪었다.

* 그런 후에 마침내 하박국은 하나님의 오묘한 섭리 하에 악인은 결국 망하고 의인은 그 믿음으로 말미암아 구원(救援, salvation)을 얻는다는 위대한 진리를 깨달았다.

* 마침내 하박국은 하나님의 공의와 주권을 신뢰하며 믿음으로 구원을 기다릴 것을 선언하였음.

스바냐 (Zephaniah)

1. 개요

저자	스바냐 (Zephaniah)
기록 연대	BC 640년~622년경
주제	악인을 심판하시는 주의 날
주요 인물	스바냐, 요시야(유다 왕)
기록 목적	장차 하나님의 공의로운 심판이 임할 '**주의 날**'을 선포함으로써, 죄악에 빠진 악인에게는 회개를 촉구하고, 경건한 의인에게는 구원의 소망을 심어주려고 기록하였다.

2. 내용 요약

* 유다 왕 요시야의 통치 초기에 활동한 스바냐 선지자는, 앞선 요엘 및 아모스 선지자와 같이 '**주의 날**'을 주제로 삼아 메시지를 선포했다.

* '**주의 날**'은 악인들의 죄에 대하여 하나님께서 마침내 무서운 진노의 심판을 베푸시는 날이다.

* 스바냐 선지자는 유다를 비롯하여 주변의 여러 나라들에게 하나님의 심판이 임할 그 '**주의 날**'을 경고했다.

* 심판 후 남은 자들을 통해 구원과 회복, 그리고 하나님과의 기쁨의 관계를 약속함.

학개(Haggai)

1. 개요

저자	학개(Haggai)
기록 연대	BC 520년경
주제	하나님의 성전 건축
주요 인물	학개, 스룹바벨, 여호수아
기록 목적	난관에 부딪혀 오래 중단된 성전 재건의 사역을 다시 시작하도록 격려하고, 그 일을 통해 '**하나님 중심**'의 올바른 신앙의 삶을 살아가도록 이끌기 위해 기록하였다.

2. 내용 요약

* 이 책은 성전 재건을 주제로 하여, 선지자 학개가 받은 4편의 계시로 구성되었다.

* 바빌로니아 땅에서 돌아온 유다 백성들은 파괴된 하나님의 성전을 재건하는 일에 착수했다.

* 학개는 성전 재건의 중요성을 강조하며 백성들에게 하나님의 집을 우선시할 것을 촉구했으며, 순종하는 백성들에게 하나님의 축복과 영광이 임할 것을 약속하였다.

* 그러나 주변 대적들의 조롱과 심한 반대에 부딪히자 그만 상심하고 세상일에 몰두했고, 결국 성전 재건은 대략 16년 정도 중단되었다. 바로 그런 때에 학개는 미래의 비전을 제시하면서 성전 재건을 할 수 있도록 백성들을 열심히 설득하고 독려한다.

스가랴(Zechariah)

1. 개요

저자	스가랴 (Zechariah)
기록 연대	BC 520년~518년경
주제	장차 이스라엘의 영광스러운 미래
주요 인물	스가랴, 스룹바벨, 여호수아
기록 목적	포로 귀환 이후 '**성전 건축**'이라는 거룩한 사업을 통해 장차 메시야로 인한 하나님의 구원 계획을 알려주어, 믿는 자들로 하여금 소망을 갖도록 하려고 기록하였다.

2. 내용 요약

* 바빌로니아 포로 귀환 시대 이후의 선지자인 스가랴는 학개처럼 '성전재건'을 위해 예언 활동을 전개하였다.

* 스가랴 선지자는 성전 재건 사업은 단순히 하나의 큰 건물을 세우는 일이 아니라, 장차 오실 약속된 메시야를 육적, 영적으로 맞이하기 위한 중차대한 일임을 일깨워 주었다.

* 그런 이유로 말미암아 이 책에서는 메시야에 관한 다양한 예언과 환상들이 많이 나타난다.

* 환상을 통해 성전 재건과 메시야의 왕국을 예언하며 하나님의 주권 계획을 선포하였다.

* 이스라엘의 회복과 메시야의 통치를 통해 열방의 구원을 약속하였다.

말라기(Malachi)

1. 개요

저자	말라기(Malachi)
기록 연대	BC 430년경
주제	언약(言約)의 신실한 이행
주요 인물	말라기, 이스라엘 백성들
기록 목적	오랜 기다림에 지쳐 메시야 소망을 상실하고 영적인 나태와 도덕적으로 타락에 빠진 이스라엘 백성들을 일깨워서 다시금 올바른 메시야 신앙관을 심어주려고 기록하였다.

2. 내용 요약

* 구약의 마지막 선지자인 말라기는, 학개와 스가랴 이후 대략 1세기 정도가 지난 느헤미야 시대에 활동했다.

* 오랜 세월 동안 약속된 메시야를 기다려 오던 백성들은 그 약속이 속히 실현되지 않자 실망하고 지친 상태가 되었다.

* 이러한 때에, 말라기 선지자는 귀환 공동체에 만연한 불신앙과 죄악들을 꾸짖는 동시에 메시야 도래의 소망을 다시금 뜨겁게 일깨워 주었다.

* 이스라엘 백성과 제사장들의 신앙적 타락을 책망하며 하나님께 온전한 예배와 순종을 촉구하였다.
* 하나님의 심판과 함께 메시야의 도래를 통해 의인과 악인의 운명이 갈릴 것을 예언하였다.

제2편 신약성경 개요

신약성경 순서 및 내용

순서	책 명	내 용	비고
1	마태복음	그리스도를 이스라엘의 '王'으로 묘사	복음서 (福音書)
2	마가복음	그리스도를 '고난 받는 주의 종'으로 묘사	
3	누가복음	그리스도를 '사람의 아들'로 묘사	
4	요한복음	그리스도를 '하나님의 아들'로 묘사	
5	사도행전	기독교의 탄생과 성장	역사서
6	로마서	"오직 믿음으로 구원 받는다" *기독교 교리의 진수	교리서신
7	고린도전서	성도들 간의 연합과 올바른 신앙의 삶	
8	고린도후서	바울이 자신의 사도 직분을 변호함	
9	갈라디아서	율법이 아니라 믿음으로 의롭게 됨	
10	에베소서	예수 그리스도의 몸 된 교회	옥중서신
11	빌립보서	예수 그리스도 안에서의 기쁨 강조	
12	골로새서	거짓교사 가르침 반격, 예수님의 신성과 능력 강조	
13	데살로니가전서	그리스도인의 삶에 대한 충고, 예수님의 재림 기록	교리서신
14	데살로니가후서	그리스도의 재림, 이에 대비할 성도의 생활 권면	
15	디모데전서	교회의 올바른 질서 확립을 위한 내용	목회서신
16	디모데후서	성도의 인내와 경건한 생활	
17	디도서	구원 받은 자들의 경건한 삶 제시	
18	빌레몬서	신실한 성도의 예의와 모범을 보여줌	옥중서신
19	히브리서	예수님의 우월성과 제사법 강조, '신약의 레위기'	공동서신
20	야고보서	사랑과 자비를 실천하는 믿음 강조 '신약의 잠언'	
21	베드로전서	고난과 핍박당하는 자를 위한 격려	
22	베드로후서	거짓 선생들에 대한 경고	
23	요한1서	하나님과의 인격적인 교제와 사랑	
24	요한2서	오직 진리 안에 거하라	
25	요한3서	전도자들을 사랑으로 접대하라	
26	유다서	믿음의 도를 위해 힘써 싸우라	
27	요한계시록	종말의 대환난과 그리스도의 최후 승리	예언서

마태복음(Matthew)

1. 개요

저자	마태(Matthew)
기록 연대	AD 50년~70년경
주제	메시야요 왕이신 예수
주요 인물	예수, 세례 요한, 예수의 제자들
기록 목적	나사렛 예수가 바로 구약성경에서 줄곧 예언되어 왔던 메시야(Messiah), 곧 온 인류의 영원한 왕이신 '그리스도'라는 사실을 입증하고 증거 하기 위해서 기록하였다.

2. 내용 요약

* 마태가 기록한 이 책은 '예수 그리스도'에 관한 책이다.
* 예수가 ① 어디에서 태어났고, ② 무엇을 가르쳤으며, ③ 어떻게 사람들을 도왔고, ④ 왜 죽어야 했는지, ⑤ 그리고 죽은 후에 약속대로 다시 태어난 부활 및 승천에 관한 이야기다.
* 특별히 이 책은 메시야에 관하여 예언된 구약의 수많은 구절들이 바로 '예수 그리스도'에게 적용되고 있음을 밝혀 증거하고 있다.

〈왕(王)이신 그리스도〉
 1) 아브라함과 다윗의 자손
 2) 예언대로 오신 메시야
 3) 유대인의 왕으로 임하신 예수님
 4) 진리를 가르치시는 예수님
 5) 귀신의 권세를 이기시는 예수님
 6) 모든 질병에서 구원하시는 예수님
 7) 우리의 양식을 책임지시는 예수님
 8) 수난을 예고하시는 예수님
 9) 십자가에 달리시는 예수님
 10) 재림을 약속하신 예수님

마가복음(Mark)

1. 개요

저자	마가(Mark)
기록 연대	AD 65년~70년경
주제	하나님의 '종'의 모습으로 오신 예수
주요 인물	예수, 세례 요한, 예수의 제자들
기록 목적	마가는 예수 그리스도를 믿고 따르는 모든 자들에게 그분의 사람됨, 사역, 능력, 교훈 등 예수의 지상 공생애(公生涯) 사역을 생생하게 증거 하기 위해서 이 책을 기록하였다.

2. 내용 요약

* 이 책은 로마인을 위하여 기록된 것으로 알려지고 있으며, 그리스도를 하나님의 '종'으로 묘사하고 있는 것이 특이하다.

* 이 책은 예수님이 요단 강에서 세례를 받는 것으로부터 시작해서 갈보리 언덕의 십자가 위에서 못 박혀 죽으시고, 또한 부활 승천하기까지의 이야기를 들려주고 있다.

〈마가가 보여주는 책의 중요한 내용〉
1) 세례 요한의 사역 모습
2) 예수님이 제자를 부르시는 장면
3) 천국에 관한 비유들
4) 병자들과 귀신들린 자를 고쳐주시는 모습
5) 칠병이어(七餠二魚)로서 4천명을 먹이시는 장면
6) 베드로의 신앙고백
7) 수난에 대한 예고
8) 최후의 만찬 모습
9) 그리스도의 수난과 부활의 모습

누가복음(Luke)

1. 개요

저자	누가(Luke)
기록 연대	AD 60년~62년경
주제	사람의 아들 곧 '인자'(人子)로 오신 예수
주요 인물	예수, 세례 요한, 예수의 제자들
기록 목적	누가는 데오빌로에게 보내는 편지 형식을 통해 예수의 삶을 묘사하면서, 예수는 하나님이고 온전한 사람으로서 인류의 구주가 된다는 사실을 증거 하려고 기록하였다.

2. 내용 요약

* 이 책은 의사 출신 이방인 누가가 쓴 책으로, 마태복음 및 마가복음과는 또 다른 관점에서 예수의 생애를 전하고 있다.

* 마태가 '왕'이신 예수의 모습을 묘사하고, 마가가 '종'으로서 섬기는 예수의 모습을 부각시키고 있는데 비해, 누가는 사람의 아들 곧 '인자' 되신 예수의 모습에 초점을 맞추어 묘사하였다.

〈누가복음에 나타난 그리스도〉

1) 누가는 예수님을 인자로 불렀다.

2) 누가는 예수님께서 하나님이심과 동시에 사람임을 증명하고 있다.

3) 예수님은 육신을 입고 태어나시고 성장하셨다.

4) 예수님은 인간의 연약함을 직접 체험하신 분이다.

5) 예수님은 죄인을 구원하시기 위하여 스스로 죽임을 당하셨다.

6) 예수님의 어린 시절 이야기, 설교하는 모습, 병든 자에 대한 이야기

7) 70인 제자들 이야기, 선한 사마리아인 이야기

8) 목자들의 경배 이야기

9) 기타, 예수님의 수난과 부활 등

요한복음(John)

1. 개요

저자	사도 요한(John)
기록 연대	AD 85년~90년경
주제	하나님의 아들이신 예수
주요 인물	예수, 세례 요한, 예수의 제자들
기록 목적	예수 그리스도는 성육신(成肉身)하신 하나님의 아들임이 분명하고, 그래서 누구든지 예수를 믿으면 구원을 받고 영생(永生)을 누린다는 사실을 알려주기 위해 기록하였다.

2. 내용 요약

* 이 책은 다른 세 공관복음서와는 다르게, 독특한 관점과 문체로서 예수가 본질상 신성(神性)을 지닌 하나님의 아들이심을 밝혀 증거하고 있다.

* 즉 사도 요한은 예수 그리스도가 처음부터 아버지 하나님과 함께 계셨고, 아버지의 보냄을 받고 이 땅에 오셔서 구원 사역을 모두 마치신 후 에 다시 아버지께로 돌아가셨음을 묘사하고 있다.

* 공관복음(마태, 마가, 누가)처럼 예수님의 생애에 대한 기록은 많지 않으나 물과 성령으로 거듭나 믿음으로 구원을 받는 도리를 밝히고 있다.

〈'요한복음'에서 예수님이 자신을 표현한 7가지 구절〉

1) 예수님은 곧 생명의 떡이십니다.

2) 예수님은 세상의 빛이십니다.

3) 예수님은 양의 문이십니다.

4) 예수님은 선한 목자이십니다.

5) 예수님은 부활이요 생명이십니다.

6) 예수님은 곧 길이요 진리요 생명이십니다.

7) 예수님은 참 포도나무이십니다.

사도행전(Acts)

1. 개요

저자	누가(Luke)
기록 연대	AD 61년~63년경
주제	기독교의 탄생과 성장
주요 인물	베드로, 스데반, 바울, 바나바
기록 목적	오순절의 성령강림으로 인한 교회의 탄생 및 이후의 성장 과정을 보여줌으로써 유대인들과 이방인들에게 예수 그리스도의 십자가와 부활을 증거 하려고 기록하였다.

2. 내용 요약

* 이 책은 부활하신 예수가 하늘로 승천하시고, 대신에 예수께서 약속하신 성령이 이 땅에 내려오는 것으로부터 시작되는 신약의 유일한 역사 기록이다.

* 주님의 사역에 대한 의사 누가(Luke)의 계속적인 기록으로, 사도행전은 이른바 성령행전으로 그 의미를 부여할 수 있다.

* 교회와 사도들 위에 성령이 임한 후에, 어떻게 예수 그리스도의 복음, 즉 기독교 복음이 예루살렘으로부터 유다와 사마리아를 거쳐 로마 제국 전역으로 퍼져 나갔는지를 보여주고 있다.

* 처음(1장~12장)에는 베드로를 중심으로 하는(국내)사역이며, 이후에는 바울의(국외) 사역이다.

* 또한 사도행전에서는 바나바와 누가와 디모데와 디도의 사역 이야기, 바나바와 바울의 제 1차 전도 여행, 바울과 실라의 제 2차 전도 여행, 바울과 누가의 제 3차 전도 여행, 바울과 누가가 로마로 가는 이야기 등을 보여주고 있다.

로마서(Romans)

1. 개요

저자	사도 바울(Paul, the Apostle)
기록 연대	AD 57년경
주제	오직 믿음으로 의롭다 함을 받음
주요 인물	바울, 뵈뵈, 더디오
기록 목적	로마에 있는 신자들에게 예수 그리스도를 통한 하나님의 구원 계획과 기독교의 핵심 교리 및 유대인과 이방인 간의 관계를 체계적으로 가르치기 위해 기록하였다.

2. 내용 요약

* 이 책은 사도 바울이 예수 그리스도의 죽음과 부활에 근거하여, 기독교 의 중심 교리 문제(선택, 구원, 칭의(稱義), 성화 등)를 심도 있게 서술한 훌륭한 교리서신(敎理書信)이다.

* 요점은 예수 그리스도 안에서 하나님과 화목(和睦, harmony)을 이루는 것이 구원의 유일한 길임을 강조한다. 이런 바탕에서 바울은 성도의 거룩한 삶에 관해서도 아울러 권면(勸勉)하였다.

* 사도 바울은 이 책에서 '믿음으로 의롭다 함을 얻는' 진리를 교훈하고 있다. 유대인의 배교(背敎)로 이방인이 구원받는 양자의 원리를 보여주는 교리서이다.

* 로마를 방문하기로 결심한 바울은 로마 교인들과 얼굴을 대면하기 전에, 자기를 소개하는 '로마서'를 로마 교회에 먼저 보낸다. 바울은 이 편지를 통하여 죄에 빠진 인간을 구원하시는 분도, 하나님과 인간들 간의 막힌 통로를 뚫은 분도 예수 그리스도이심을 전하고 있다.

* 로마서는 '바울 복음서'라고도 불릴 만큼 복음이 무엇인가를 잘 설명하고 있는 소중한 책이다.

고린도전서(1 Corinthians)

1. 개요

저자	사도 바울(Paul, the Apostle)
기록 연대	AD 55년경
주제	성도들 간의 연합과 올바른 신앙의 삶
주요 인물	바울, 디모데, 글로에 집안의 종
기록 목적	바울이 자신의 사도권에 근거하여 당시 여러 문제에 봉착해 있던 고린도 교회의 문제점들을 올바로 해결하고, 거짓 교사들의 헛된 교훈을 척결하기 위해 기록하였다.

2. 내용 요약

* 이 책은 바울이 고린도 교회에 써 보낸 첫 번째 편지로서, 바울이 제3차 선교 여행을 하는 중 에베소에서 고린도 교회에 보낸 기록이다.

* 당시 사도 바울은 고린도 교회가 여러 가지 문제(파벌 문제, 송사 문제, 결혼 문제, 우상과 제물 문제, 은사와 부활에 관한 문제, 기타 등등)들로 인하여 교인들 간에 심각한 내부 갈등을 겪고 있다는 말을 전해 들었다.

* 고린도 교회의 내부 갈등 문제를 해결하고, 아울러 거짓 교사들의 헛된 교훈을 척결할 필요성을 느낀 바울은 서신을 통하여 현안(懸案)들에 대하여 신학적 관점과 실천적 관점으로 그 해결책을 제시하고 있다.

* 성령의 은사와 사랑의 본질(고린도전서 13장)을 강조하며, 교회의 질서와 성장을 촉구하고, 그리스도의 부활의 중요성과 성도의 부활 소망을 확증함.

고린도후서(2 Corinthians)

1. 개요

저자	사도 바울(Paul, the Apostle)
기록 연대	AD 56년경
주제	바울이 자신의 사도 직분을 변호함
주요 인물	바울, 디도, 거짓 교사
기록 목적	바울이 자신의 사도 직분의 정당성을 변호함으로써 자신에 대한 오해를 풀어주고, 고린도 교회의 문제들을 해결하며, 예루살렘 교회의 구제를 호소하려고 기록하였다.

2. 내용 요약

* 이 책은 바울이 고린도 교회에 써 보낸 두 번째 편지다.

* 첫 번째 편지(고린도전서) 이후에 디도로부터 고린도 교회에 관한 소식을 전해 듣고, 바울은 자신의 가르침대로 잘 따르고 있는 자들에게 기쁨과 사랑을 표시하였다.

* 바울이 자신의 사도권을 변호하며 고난 속에서도 하나님의 위로와 능력을 강조함.

* 성도들에게 관대함과 헌신을 권면하며, 약할 때 강하게 하시는 하나님의 은혜를 선포하였다.

* 하지만 바울은 자신을 모함하고 이간질하는 거짓 교사들에 대해서는 자신의 사도권에 입각하여 단호하게 책망하였다.

* 이후 바울은 자기의 편지를 받고 회개한 고린도 교인들에게 감사를 표시하면서 예루살렘 교회를 위하여 연보하기를 권면(勸勉)하였다.

갈라디아서(Galatians)

1. 개요

저자	사도 바울(Paul, the Apostle)
기록 연대	AD 53년경
주제	율법이 아니라 믿음으로 의롭게 됨
주요 인물	바울, 베드로, 바나바, 디도
기록 목적	율법에 의해 구원을 얻을 수 있다고 가르치는 율법주의자들의 잘못된 가르침을 꾸짖고, 오직 그리스도 안에 구원과 자유가 있음을 알려주려고 기록하였다.

2. 내용 요약

* 로마서와 더불어 기독교의 기본 교리 중에 '믿음으로서 하나님과 바른 관계에 들어간다'라고 하는 교리의 기초가 되는 책이다.

* 이 책은 '**율법으로부터의 해방**'을 주제로 삼고 있는 바, 오직 복음으로만 의인(義人)이 될 수 있고 믿어야 영생에 이를 수 있다는 주장이다.

* 바울은 우리의 구원은 오직 예수 그리스도를 믿는 믿음에 근거한 하나님의 선물임을 강조하였다. 동시에 믿음으로 구원 받은 자들은 경건한 신앙의 삶 속에서 '**성령의 열매**'를 맺어야 한다고 가르쳤다.

* 율법이 아닌 믿음으로 의롭게 되는 복음의 진리를 강조하며 율법주의를 경계하면서, 오직 성령 안에서 자유와 사랑을 실천하여 새 삶을 살아갈 것을 권면함.

에베소서(Ephesians)

1. 개요

저자	사도 바울(Paul, the Apostle)
기록 연대	AD 62년경
주제	예수 그리스도의 몸 된 교회
주요 인물	바울, 두기고(서신 전달자)
기록 목적	그리스도의 몸 된 교회의 참 모습을 설명함으로써 유대인과 이방인 간의 분열을 막고, 그리스도 안에서 모두는 한 몸이라는 교회 의식을 일깨워 주려고 기록하였다.

2. 내용 요약

* 이 책은 사도 바울이 3년 이상 노동을 하면서 사역을 한 에베소교회에 보낸 기록으로 오직 믿음 안에서 성도들이 강하여지기를 권하고 있다.

* 또한 이번의 서신은 바울이 예수의 일로 로마 감옥에 갇혀 있을 때 쓴 옥중서신으로, 교회가 무엇인지에 대하여 정의를 내려주고 있다.

* 바울에 의하면 '교회란 그리스도의 몸이요, 만물 안에서 만물을 충만하게 하시는 분의 충만함'이라고 해석을 내린다.

* 사도 바울은 그리스도 안에 있는 성도들은 오직 주를 찬송하므로 하나님을 영화롭게 하며 하늘에 속한 모든 신령한 복을 받게 된다고 교훈하고 있다.

* 성도들이 교회와 가정에서 사랑과 순종, 성령의 능력으로 새 삶을 살 것을 권면하고, 하나님의 은혜로 말미암아 이루어진 구원의 계획과 그리스도 안에서의 연합을 강조함.

빌립보서(Philippians)

1. 개요

저자	사도 바울(Paul, the Apostle)
기록 연대	AD 62년~63년경
주제	그리스도 안에서 성도의 일치와 기쁨
주요 인물	바울, 디모데, 에바브라디도
기록 목적	바울은 빌립보 교인들이 보내준 헌금에 대해 감사를 표하고, 오직 그리스도 안에서 발견되는 참된 소망과 기쁨을 제시함으로써 그들을 위로하고 격려하려고 했다.

2. 내용 요약

* 이 책은 바울이 로마의 감옥에 갇혀있을 때 쓴 4대 옥중(獄中)서신 가운데 하나이다.

* 4대 옥중 서신으로는 사도 바울이 로마의 옥중에서 쓴 ① 에베소서, ② 빌립보서, ③ 골로새서, ④ 빌레몬서 등의 서신을 말한다.

* 빌립보서는 그 성격상 개인적인 편지로써, 바울은 빌립보 교회의 형제들에게 그들의 헌신적인 도움에 대해 감사를 전하고 있다(* 참고로, 빌립보 교회는 바울이 제2차 전도 여행 중에 세운 교회이다)

* 아울러 바울은 이 편지로 하여금 예수 그리스도를 믿는 성도들이 갖추어야 할 성숙한 신앙인의 자세를 제시하고 있다.

* 그리스도 안에서의 기쁨과 겸손을 강조하며, 고난 중에도 복음을 위한 헌신을 독려함.

골로새서(Colossians)

1. 개요

저자	사도 바울(Paul, the Apostle)
기록 연대	AD 62년경
주제	예수 그리스도의 우월성과 충족성
주요 인물	바울, 디보데, 에바브라, 두기고
기록 목적	바울은 골로새 교회에 침투하여 교인들을 혼란시키는 혼합주의적 이단 사상을 배격하고, 복음에 입각한 그리스도의 참 진리를 알려줌으로써 교회를 바로 세우려 하였다.

2. 내용 요약

* 골로새는 소아시아의 한 작은 수도인데, 당시 골로새에는 영지주의라는 철학을 비롯하여 공리주의, 신비주의, 금욕주의 등 온갖 철학과 이단(異端, heresy)들이 만연하고 있었다.

* 당시 골로새에는 바울의 제자 에바브라가 목회를 하고 있었다.

* 바울은 예수 그리스도 한분만으로도 부족함이 없으므로 다른 헛된 규례나 철학들은 필요하지 않다는 주장이다.

* 기독론(基督論)을 중점적으로 다루고 있는 본서는 예수 그리스도가 어떤 분인지를 설명하고 있다.

* 예수 그리스도는 하나님의 아들로써, 만물의 중심이며 으뜸이고, 바로 그분에 의해서 우리가 죄와 사탄의 권세로부터 구원받았음을 분명히 알려 준다.

* 또한 그런 믿음으로 믿는 자들이 어떻게 그리스도인의 올바른 삶을 살아가야 할지를 제시해 준다.

데살로니가전서(1 Thessalonians)

1. 개요

저자	사도 바울(Paul, the Apostle)
기록 연대	AD 51년경
주제	그리스도의 재림과 성도의 성결(聖潔, holiness)
주요 인물	바울, 디모데, 실라
기록 목적	바울은 그리스도의 재림에 관한 건전하고 참된 진리를 세워줌으로써, 환난 중에 있는 믿음의 형제들을 격려하면서 그들이 성결한 삶을 살아가도록 교훈하려고 하였다.

2. 내용 요약

* 이 책은 바울이 데살로니가 교회에 보낸 13개의 편지 중 첫 번째 편지인 바, 주제는 주의 강림과 위로였다.

* 성도들의 '믿음·사랑·소망'을 칭찬하며 거룩한 삶에 형제 사랑을 격려함.

* 이 편지에서 바울은 데살로니가 교회의 교인들에게 자신이 가르쳤던 복음의 진리들을 기억할 것을 권면했고, 또한 당시 교회의 관심사였던 그리스도의 재림과 성도(聖徒, saint)의 부활 문제를 다룸으로써 교회를 위로하고 소망을 가지라고 격려했다.

' * 주의 재림과 부활의 소망을 강조하며 깨어 준비된 삶을 살 것을 권면함.

* 그러나 '데살로니가전서'를 통해 예수님의 재림에 관한 소식이 전해지자 일부의 사람들이 일도 하지 않고 오히려 하나님의 영광을 가리는 현상들이 나타나, 이는 다음에 바울이 '데살로니가후서'를 쓰게 되는 원인이 되기도 한다.

데살로니가후서(2 Thessalonians)

1. 개요

저자	사도 바울(Paul, the Apostle)
기록 연대	AD 51년 말~52년 초
주제	주의 날(그리스도의 재림)을 소망함
주요 인물	바울, 실라, 디모데
기록 목적	그리스도의 재림이 임박했다는 그릇된 견해를 올바로 잡아주면서, 재림의 날만을 고대하면서 현실의 삶을 도피하는 사람들에게 일상생활에 충실 할 것을 교훈하려고 했다.

2. 내용 요약

* 이 책은 바울이 데살로니가 교회에 써 보낸 두 번째 편지인데, 첫 번째 편지 이후 몇 달 뒤에 쓴 편지이다.

* 이렇게 바울이 속히 두 번째 편지를 써 보낸 이유는 첫 번째 편지 내용을 잘못 오해한 사람들에게 주의 재림에 관해 올바른 진리를 알려주기 위함이었다. 즉 성도는 일상생활의 성실함과 성결한 삶으로 인내 중에 '**주의 날**'을 기다려야 한다고 가르쳤다.

* 성도들에게 게으름을 경계하고 신실하게 일하며 선을 행할 것을 권면함.

* 박해와 고난 가운데 있는 성도들에게 하나님의 공의로운 심판과 위로를 약속함.

* 주의 재림에 대한 오해를 바로 잡으며 적그리스도의 등장과 말세의 징조를 설명함.

디모데전서(1 Timothy)

1. 개요

저자	사도 바울(Paul, the Apostle)
기록 연대	AD 63년~65년경
주제	교회 지도자의 올바른 자세
주요 인물	바울, 디모데
기록 목적	바울은 사랑하는 믿음의 아들 디모데에게 실제적인 목회 지침을 제시함으로써, 그의 목회 사역을 격려하면서 그가 좋은 목자로서 주님의 교회를 잘 돌보기를 원했다.

2. 내용 요약

* 이 책은 나이 든 바울이 믿음의 아들이며 복음의 동역자인 젊은 목회자 디모데에게 보낸 첫 번째 편지로, 목회 실무 지침과 용기를 주기 위해 기록되었다.

* 이 편지 속에서 사도 바울은 교회의 감독, 이단에 대한 경계, 교회 직분 자들의 자격, 교인들의 신앙 성숙 등 목회에 관한 여러 가지 사항들을 구체적으로 알려줌으로써 디모데로 하여금 주님의 좋은 목회자가 될 수 있도록 친절하게 안내해 주었다.

* 교회의 질서를 세우기 위해 바른 교훈과 거짓 교리를 분별하며, 경건한 삶을 살 것을 강조함.

* 경건과 사랑 안에서 성도들이 서로를 섬기며 선한 양심을 유지할 것을 권면함.

디모데후서(2 Timothy)

1. 개요

저자	사도 바울(Paul, the Apostle)
기록 연대	AD 67년경
주제	성도의 인내와 경건 생활
주요 인물	바울, 디모데, 누가
기록 목적	바울은 디모데에게 거짓 교사들의 그릇된 가르침으로부터 교회를 잘 보호하도록 용기를 북돋아주는 한편, 감옥 생활에 긴급히 필요한 물품을 조달받기를 원했다.

2. 내용 요약

* 이 책은 바울이 쓴 13서신 중 마지막 것으로, 디모데에게 쓴 두 번째 편지다.

* 마지막 때의 어려움과 거짓 교사들의 출현을 경고하며, 성경의 권위와 능력을 통해 경건한 삶을 살아갈 것을 당부함.

* 당시 바울은 로마에서 2차로 투옥되어 순교의 시간이 얼마 남지 않았음을 직감한 바울이 디모데에게 마지막 편지로 격려와 더불어 복음 사역자로서 명심해야 할 교훈을 보내주고 있다.

* 이처럼 사도 바울은 자신의 죽음을 목전에 두고서도 그리스도에 대한 헌신(獻身, devotion)을 강조함으로써 하나님 나라의 확장을 바라고 구하며 이를 위해 노력할 것을 구하고 있는 것이다.

디도서(Titus)

1. 개요

저자	사도 바울(Paul, the Apostle)
기록 연대	AD 64년~65년경
주제	교회의 역할과 목회자의 책임
주요 인물	바울, 디도, 세나와, 아볼로
기록 목적	바울은 당시 크레타 섬에서 교회를 돌보고 있던 복음의 아들이요 동역자인 디도에게 교회를 잘 돌볼 수 있도록 실제적이고 적절한 목회지침을 알려주기를 원했다.

2. 내용 요약

* 이 책은 디모데전후서와 더불어 복음 사역자가 교회에서 양떼를 돌보는 일에 관해 다룬, 이른 바 '목회서신'이다.

* 당시 디도는 지중해의 '크레타'라는 섬에서 교회를 돌보고 있었는데, 그곳의 교회는 미숙한 점이 무척 많았다.

* 구원 받은 성도들이 선한 행실로 하나님을 증거하며, 경건한 삶을 살 것을 권면함.

* 그래서 사도 바울은 디도에게 다음과 같은 몇 가지 사항을 권고한다.

 1) 교회의 조직과 질서를 바로 잡기 위해 장로를 임명할 것
 2) 장로의 자격을 구체적으로 제시함
 3) 지도자인 디도 자신이 선한 행실로서 본을 보일 것
 4) 일부 잘못된 신학적인 교리들을 수정할 것 등

빌레몬서(Philemon)

1. 개요

저자	사도 바울(Paul, the Apostle)
기록 연대	AD 61년~63년경
주제	그리스도인의 용서와 사랑
주요 인물	바울, 빌레몬, 오네시모(빌레몬의 종)
기록 목적	바울은 주인 빌레몬에게 회개하고 돌아오는 도망친 노예 '오네시모'를 그리스도의 사랑으로 받아줄 것을 부탁하면서 신자들에게 용서와 사랑의 도를 가르치려고 했다.

2. 내용 요약

* 로마의 옥중에서 쓴 이 책은 바울이 자신의 친구인 빌레몬에게 개인적으로 보낸 매우 짧은 편지다.

* 이 편지에서 사도 바울은 빌레몬에게 한 가지 정중한 부탁을 했는데, 그것은 주인 빌레몬에게서 도망친, 그러나 이제는 잘못을 깨닫고 다시 주인에게로 돌아가려는 '오네시모'라는 노예를 용서해 주고, 그를 믿음의 형제로 용납해 달라는 것이었다.

* 사도 바울은 화해를 통해 그리스도 안에서의 사랑과 공동체의 연합을 실천할 것을 권면함.

히브리서(Hebrews)

1. 개요

저자	미상, 혹 바울?, 아볼로?
기록 연대	AD 60년대 후반
주제	그리스도의 우월성과 믿음을 통한 구원
주요 인물	예수, 멜기세덱, 믿음의 조상들
기록 목적	구약의 실체요 복음의 핵심인 '**예수 그리스도를 중심으로**' 구약성경을 재해석함으로써, 유대교 신자들에게 기독교 신앙의 절대 필요성을 일깨워 주려고 기록하였다.

2. 내용 요약

* 유대교에 대한 기독교의 변증서(辨證書)다. 즉 기독교의 우월성을 논리 적으로 분석하여 연구한 내용이다.

* 예수 그리스도는 본질상 하나님의 아들이기 때문에 구약의 모든 선지자 들 및 제사장들보다 더욱 위대한 분이시므로, 우리가 구원을 얻기 위해서는 오직 예수 그리스도만을 믿고 그분께 순종해야 한다고 가르치고 있다(예수의 탁월함을 잘 설명하고 있는 책이다).

* 가톨릭에서는 책명이 '**히브리인들에게 보낸 서간**'(히브리서)으로 됨.

* 히브리서의 수신자는 유대 기독교인 들이다.

* 별명으로는 신약의 레위기, 제5복음, 천상의 복음, 간추린 성경, 요약 성경 등 다양하다.

〈핵심 내용〉
 1) 그리스도의 탁월성과 새 언약
 2) 믿음과 인내의 권면(勸勉)

야고보서(James)

1. 개요

저자	(주의 형제) 야고보(James)
기록 연대	AD 60년~62년경
주제	믿음을 온전하게 하는 행(行)함
주요 인물	아브라함, 라합, 욥, 엘리야
기록 목적	성도의 온전하고 참된 믿음이란, 그 믿음에 근거하여 실제적인 실천의 삶을 사는 것임을 가르치기 위함.

2. 내용 요약

* 바울은 유대교의 혈통주의와 율법주의를 지적하며 믿음으로 얻는 구원을 강조한 바, 이는 유대인과 헬라인 이방인도 모두 믿음만 있으면 구원을 받을 수 있다는 복음의 내용이다.

* 그러나 바울이 전한 복음은 행함과 실천 없이도 믿음만 있다면 구원을 받을 수 있다는 오해에 봉착한다.

* 야고보는 이런 모습을 지적하며, 믿음으로 구원에 이른 그리스도인들이 어떻게 살아가야 할지를 교훈해 주고 있다.

* 하나님을 향한 믿음은 반드시 행동으로 나타남을 강조하며, 믿음과 행위의 상관관계(相關關係)를 보여주는 편지다.

* 종합하면, 이 책은 '행위를 통한 믿음의 실천'을 강조한 책이다.

베드로전서(1 Peter)

1. 개요

저자	사도 베드로(Peter, the Apostle)
기록 연대	AD 64년~66년경
주제	환난을 이기는 성도의 산 소망
주요 인물	베드로, 실라, 마가
기록 목적	환난 가운데 있는 도처의 성도들에게 하나님의 크신 은혜를 체험하게 함으로써, 모든 어려움을 극복할 수 있는 신앙의 용기를 갖도록 하기 위해 이 편지를 썼다.

2. 내용 요약

* 이 편지는 예수님의 수석 제자로서 초대교회의 지도자로 활동했던 사도 베드로가 당시 소아시아 전역에 흩어져 살고 있던 성도들에게 첫 번째로 쓴 소망과 격려의 글이다.

* 고난 속에서도 믿음을 지키며, 하나님의 택하신 백성으로 거룩한 삶을 살 것을 권면하고 있다. 장차 나타날 하나님의 영광과 구원의 소망을 바라보며 기뻐하라고 격려함.

* 이 편지를 통하여 베드로는 현재 당하고 있는 성도들의 고난을 위로함과 동시에, 앞으로 닥쳐올 불같은 모든 핍박을 잘 견디도록 여러 가지 소망의 말로 격려하고 있다.

* 네로 황제에 의해 곧 닥치게 될 혹독한 고난에 대비하여 인내할 것을 권고하며, 오히려 그 고난과 시련을 믿음의 진보와 영적 연단의 기회로 삼도록 권면(勸勉)하고 있다.

베드로후서(2 Peter)

1. 개요

저자	사도 베드로(Peter, the Apostle)
기록 연대	AD 66년~68년경
주제	거짓 선생들에 대한 경계
주요 인물	베드로, 노아, 롯, 발람, 거짓 선생
기록 목적	당시 영지주의 이단사상으로 교회를 괴롭히고 있던 거짓 교사들을 경계하고, 부도덕한 향락주의를 배격하는 가운데 주의 재림에 대한 확신을 갖도록 하려고 기록했다.

2. 내용 요약

〈핵심 내용〉

* 〈1장〉에서는 그리스도의 재림과 천국에 대한 소망에서 비롯되는 삶을 통한 성도의 신앙적 성숙을 다룬다.

* 〈2장〉에서는 거짓 교사들의 그릇된 삶의 모습과 가르침을 폭로하며 그들을 경계할 것을 강조하고 있다.

* 〈3장〉에서는 핍박과 거짓 가르침으로 인해 약해진 신앙을 바로 잡기 위하여 그리스도의 재림의 확실성과 이에 대한 소망의 중요성을 재확인 시키고 있다.

* 신앙의 성장과 덕을 쌓아 하나님께 열매 맺는 삶을 살 것을 강조함.

* 하나님의 심판과 주님의 재림을 확신하며, 거룩하고 경건한 삶으로 준비할 것을 촉구함.

요한 1서(1 John)

1. 개요

저자	요한(John, the Apostle)
기록 연대	AD 90년~95년경
주제	하나님과의 인격적인 교제와 사랑
주요 인물	요한, 거짓 선생들(이단자들)
기록 목적	당시 기독교 진리를 위협하면서 교회를 큰 혼란에 빠뜨렸던 이단사상을 경계하는 가운데, 구원의 유일한 수단이신 그리스도에 관한 올바른 지식을 가르치려고 했다.

2. 내용 요약

* '사랑과 변증의 서신'으로 불리는 본 서신은 예수님께 사랑 받던 제자인 사도 요한에 의해 쓰인 첫 번째 편지다(수신자는 이방인 출신의 신자들로 추정됨).

* 요한일서는 신구약 전체를 통하여 하나님이 주의 백성들에게 가르치신 윤리적 교훈의 **완결판**이다(요한일서는 기독교 윤리에 대한 책이다).

* 이 편지를 통하여 사도 요한은 당시 교회를 큰 혼란 속으로 빠뜨리고 있던 이단사상 곧 영지주의 사상을 배격하면서, 하나님의 참 사랑의 정신이야말로 모든 거짓 지식을 극복할 수 있는 참된 지식임을 가르쳤다.

* 또한 요한일서는 하나님과의 참된 교제 속에서 사랑의 실천을 특별히 강조하고 있다.

* 요한일서는 요한복음과 같이 빛, 생명, 사랑 등과 같은 추상적인 개념들 을 많이 사용하고 있는 것이 특색이다(저자가 동일하기 때문?).

요한 2서(2 John)

1. 개요

저자	사도 요한(John, the Apostle)
기록 연대	AD 90년~95년경
주제	오직 진리 안에 거하라!
주요 인물	요한, 거짓선생들(이단자들)
기록 목적	기독교 진리를 왜곡하면서 그럴듯한 괴변으로 성도들을 미혹하는 적그리스도를 경계하면서, 주님의 새 계명에 따라 성도들 간에 서로 사랑할 것을 권고하려고 썼다.

2. 내용 요약

* 요한일서의 축소판으로 불리는 이 서신은 교회에 보낸 사도 요한의 두 번째 편지로써, 이단 사상에 대한 철저한 경계와 성도들 간의 뜨거운 사랑을 2대 주제로 삼고 있다.

* 즉 사도 요한은 예수님의 성육신(成肉身)을 강조하는 가운데 영지주의 이단 사상을 배격했고, 아울러 믿음의 한 형제 된 성도들 서로 간의 뜨거운 사랑을 거듭 권고했다.

〈1:3〉
* 은혜와 긍휼과 평강이 하나님 아버지와 아버지의 아들 예수 그리스도로부터 진리와 사랑 가운데서 우리와 함께 있으리라.

〈1:9〉
* 지나쳐 그리스도의 교훈 안에 거하지 아니하는 자는 다 하나님을 모시지 못하되, 교훈 안에 거하는 그 사람은 아버지 와 아들을 모시느니라.

요한 3서(3 John)

1. 개요

저자	사도 요한(John, the Apostle)
기록 연대	AD 90년~95년경
주제	전도자들을 사랑으로 접대하라!
주요 인물	요한, 가이오, 디오드레베
기록 목적	당시 복음 전도자를 선하게 접대한 '가이오'를 칭찬하고, 반대로 악한 태도로 복음 전도자를 배척한 '디오드레베'를 본받지 말 것을 권고하기 위해 이 편지를 썼다.

2. 내용 요약

* 이 편지는 초대 교회 당시의 복음 전파사의 일면을 보여주는 귀중한 자료로서, 사도 요한이 가이오에게 개인적으로 보낸 편지다.

* 이 편지를 통하여 사도 요한은 순회 전도자 즉 '나그네'라는 주제를 가지고, 진리를 행하는 자와 진리를 배척하는 자의 대비를 통해 성도의 바람직한 자세를 보여주고 있다.

* **〈핵심 요약〉** : 진리 안에서 행하는 성도의 본보기, 악한 행동 경계, 선교와 협력의 중요성

〈1:2〉

* 사랑하는 자여, 네 영혼이 잘됨 같이, 네가 범사(凡事)에 잘되고 강건하기를 내가 간구(懇求)하노라.

〈1:11〉

* 사랑하는 자여, 악한 것을 본받지 말고 선한 것을 본받아라. 선을 행하는 자는 하나님께 속하고, 악을 행하는 자는 하나님을 뵈옵지 못하였느니라.

유다서(Jude)

1. 개요

저자	(주의 동생) 유다(Jude)
기록 연대	AD 70년~80년경
주제	믿음의 도를 위해 힘써 싸우라!
주요 인물	유다, 거짓선생들(이단자들)
기록 목적	주의 교회는 언제든지 도전해오는 이단사상과 거짓된 교훈에 강력하게 대항함으로써, 올바른 기독교 신앙을 굳게 지켜야 한다는 것을 일깨워 주려고 이 편지를 썼다.

2. 내용 요약

* 유다는 처음에는 예수를 믿지 않다가 나중에 부활하신 예수님을 믿은 예수님의 동생이다.

* '이단에 대한 투쟁적인 변증서'라고 불리는 이 책은 잘못된 가르침으로 교회를 혼란하게 만들고 파괴하는 거짓 교사들에 대해서 아주 강하게 꾸짖고 있는 편지다.

* 유다서는 특히 그리스도의 성육신을 부정하고, 육체를 악한 것으로 간주함으로써 방종을 일삼고 성도들을 미혹하였던 영지주의 이단에 대한 경계 및 경고를 다루고 있다. 영지주의는 신플라톤주의를 기본 철학으로 하여 그 위에 잡다한 사상들을 마구 뒤섞어 놓은 이단이었다.

* 야고보의 형제요 주의 동생인 유다는 이렇게 거짓된 가르침의 위험성을 가르치는 가운데, 믿는 자들에게 올바른 진리의 터 위에 굳게 서서 경건한 신앙의 삶을 살아가도록 당부했다.

요한계시록(Revelation)

1. 개요

저자	사도 요한(John, the Apostle)
기록 연대	AD 95년~96년경
주제	종말의 대환난과 그리스도의 최후 승리
주요 인물	요한, 그리스도, 적그리스도
기록 목적	로마 제국의 점점 강력해지는 기독교 박해를 견디어 낼 것을 촉구하면서 장차 종말에 일어날 일들을 예언함으로써, 낙심하지 말고 그리스도의 재림을 소망하도록 권면했다.

2. 내용 요약

* 묵시문학적인 필치와 어휘로 서술된 이 책은, 예수 그리스도가 소아시아에 있는 일곱 교회에게 메시지를 전달하는 것으로 시작한다.

* 그런 후에 이 책은 세상 종말에 하늘과 땅에서 무슨 일들이 일어날 것인지를 많은 상징적인 숫자들과 환상적인 개념들로 묘사하고 있다.

* 책에 나오는 숫자와 환상은 난해하지만, 그 요점은 **'교회의 승리와 성도 의 최종 구원'** 이다.

〈참고〉 **요한복음, 요한1, 2, 3서, 요한계시록(*모두 사도 요한의 책)**

1) 요한복음 : 하나님이 성육신으로 오시어 지상에서 역사하심을 기록함

2) 요한1, 2, 3서 : 예수님이 승천하신 후에 하늘에서 역사하심을 기록함

3) 요한계시록 : 예수님이 지상에 재림하실 때의 미래 모습을 기록함.

제3편 주제별 요약 해설

성경은 어떤 책인가 (1)

1. 성경은 하나님의 말씀이다
성경은 하나님이 인간에게 주신 계시와 진리를 담은 책이다.

2. 성경은 인류의 구원 역사이다
창조부터 종말까지 구원의 이야기를 기록한 역사적 기록물이다.

3. 성경은 영적인 교훈서이다
삶의 지침과 도덕적, 윤리적, 기준을 제시한다.

4. 성경은 하나님의 언약 기록이다
하나님과 인간 사이의 언약과 그 성취 과정을 담고 있다.

5. 성경은 보편적 진리의 책이다
특정 시대와 문화를 초월하여 적용되는 보편적 진리를 담고 있다.

6. 성경은 하나님의 약속의 책이다
하나님이 인간에게 주신 수많은 약속들을 기록한 책이다.

7. 성경은 선지자(先知者)들의 기록이다
선지들이 받은 계시와 경고의 말씀을 담고 있다.

8. 성경은 삶의 지혜서이다
잠언, 전도서 등 지혜를 주는 말씀으로 가득하다.

9. 성경은 영원한 생명의 안내서이다
영생의 길과 방법을 가르친다.

10. 성경은 하나님의 사랑의 편지다
모든 인간을 향한 하나님의 사랑을 담은 편지이다.

성경은 어떤 책인가 (2)

11. 성경은 기도와 찬양의 교본이다
시편과 같은 책을 통해 기도와 찬양의 본을 제시한다.

12. 성경은 다양한 문화의 장르이다
시, 역사, 예언, 율법, 서신 등 다양한 문체가 포함되어 있다.

13. 성경은 예수 그리스도의 증언이다
예수의 탄생, 생애, 죽음, 부활, 재림을 예언하고 기록한다.

14. 성경은 인간 본성의 거울이다
인간의 죄성과 연약함을 비추는 거울이다.

15. 성경은 영적 싸움의 무기이다
신앙생활에서 영적 전쟁에 필요한 진리를 제공한다.

16. 성경은 교회의 기반이 된다
교회의 신학적, 조직적, 윤리적 기반이 된다.

17. 성경은 하나님 나라에 대한 비전이다
하나님 나라와 그 도래를 묘사한다.

18. 성경은 구속(救贖)의 계획이다
죄로부터의 구속과 영원한 생명을 위한 하나님의 계획을 보여준다.

19. 구약과 신약의 연결
구약의 예언이 신약에서 성취되는 구조로 구성된다.

20. 성경은 회복의 메시지다
타락한 인간과 세계를 회복하려는 하나님의 계획을 보내준다.

성경은 어떤 책인가 (3)

21. 성경은 하나님의 성품을 드러낸다
사랑, 공의(公義), 거룩함 등 하나님의 성품을 드러낸다.

22. 성경은 예배의 중심이다
예배의 본질과 방법을 가르친다.

23. 성경은 하나님의 주권을 선포하고 있다
하나님이 우주의 창조주이며 통치자임을 선포하고 있다.

24. 성경은 공동체의 지침서이다
신앙공동체의 원리와 관계를 가르친다.

25. 성경은 예언의 성취를 기록하고 있다
많은 예언들이 구체적으로 성취된 것을 기록하고 있다.

26. 성경은 성령의 영감으로 기록되었다
성경은 인간 제자들을 통해 성령의 감동으로 기록되었다.

27. 성경은 소망을 제시한다
세계의 끝과 새 하늘과 새 땅에 대한 소망을 제시한다.

28. 성경은 천상의 지혜서이다
성경은 하나님의 말씀이 인간의 언어로 번역된 천상의 지혜서이다.

29. 성경은 최고의 인생 교과서이다
성도들의 영적 성장에 기여하고, 삶의 지혜를 제공한다.

30. 성경은 '품격 있는 철학서'이다
성경은 정의롭고 평화로운 삶을 원하는 사람들이 꼭 읽어야 할 철학서이다.

성경공부는 왜 필요한가?

1. 개념

1) **성경공부**는 하나님을 사랑하기 위해서 하나님을 지적으로 알아가는 것, 알게 된 말씀을 마음에 풍성하게 머물게 하는 것, 말씀이 마음을 움직여 힘과 목숨을 다해 실천하는 것을 포함한다.
2) **성경을 공부**하는 목적은 하나님(예수님)을 제대로 알고, 제대로 알게 하는 것이다.

2. 성경공부는 왜 필요한가?

1) 인생의 의미와 목적을 알게 된다.
2) 인생의 문제에 대한 해답과 지혜를 얻는다.
3) 믿음이 강해지고 시험 속에서도 흔들리지 않게 된다.
4) 말씀을 통해 생각과 행동이 변화한다.
5) 어려움 속에서도 평안과 위로를 찾을 수 있다.
6) 세상의 일시적인 것들을 넘어 영원한 가치를 바라보게 된다.
7) 올바른 가치관과 윤리적 기준을 배운다.
8) 예수 그리스도를 통한 구원의 계획을 깨닫는다.
9) 신앙이 성숙해지고 영적인 힘을 얻는다.
10) 하나님의 성품과 뜻을 깊이 이해하게 된다.
11) 하나님의 말씀을 통해 기도의 의미와 능력을 이해한다.
12) 죄의 본질을 깨닫고 회개로 나아간다.
13) 영적 전쟁에서 승리할 수 있는 무기를 제공받는다.
14) 종말론적 소망과 영원한 생명을 바라보게 된다.
15) 성경의 말씀을 배우면 믿음의 기초, 삶의 기초, 전도의 기초가 확립된다.
16) 주님과의 개인적인 교제에 활력을 얻게 된다.
17) 다른 사람들의 영적 성장을 도울 수 있는 방법을 갖추게 된다.
18) 삶의 여러 분야에서 성경적인 가치관을 제시하고 적용을 하게 된다.

성경을 읽고 사색(思索)해야 하는 이유

1. 성경은 철학적인 많은 질문들에 해답을 주고 있다

> 1) 나는 누구인가?
>
> 2) 나는 어디서 왔는가?
>
> 3) 나는 어디로 가는가?
>
> 4) 삶에 대한 목적은 무엇인가?
>
> 5) 죽음 후의 삶은 존재하는가?
>
> 6) 나는 어떻게 천국에 갈 수 있는가?
>
> 7) 왜 이 세상은 악으로 가득 차 있는가?
>
> 8) 왜 나는 선한 일을 하려고 노력하는가?

2. 성경은 기타 세속적인 질문들에도 현실적인 조언을 해 준다

> 1) 내가 배우자로부터 구하는 것은 무엇인가?
>
> 2) 어떻게 해야 성공적인 결혼생활을 할 수 있는가?
>
> 3) 어떻게 해야 내가 좋은 친구가 될 수 있는가?
>
> 4) 어떻게 해야 내가 좋은 부모가 될 수 있는가?
>
> 5) 성공은 무엇이고 어떻게 해야 내가 그것을 달성할 수 있는가?
>
> 6) 어떻게 해야 내가 변할 수 있는가?
>
> 7) 삶에서 정말 중요한 문제는 무엇인가?
>
> 8) 어떻게 해야 내가 후회 없는 삶을 살 수 있는가?
>
> 9) 어떻게 해야 인생의 나쁜 사건들을 잘 이겨낼 수 있는가?

성경을 통한 올바른 가치 추구

1. 인간은 가치를 추구하는 존재

1) 자신의 가치에 따라 가치 있는 삶을 살기 위해 애쓰며, 그 달성을 위해 노력하며, 그 결과에 비추어 최종적으로 자신의 삶을 평가한다.

2) 자신의 가치관에 따라 어떤 행동의 옳고 그름을 판단한다.

2. 가치와 삶의 관련성

1) 추구하는 가치의 다양성으로 말미암아 여러 갈등과 문제가 발생함.

2) 인간은 각자가 가치 있다고 생각하는 것에 삶의 지향점을 둔다,

3. 인간의 궁극적 가치

1) 뜻있고 보람찬 삶을 살기 위해 인간이 가장 중요시 하는 가치

2) 본래적 가치, 정신적 가치(진리, 도덕적인 삶, 아름다움, 신앙 등)

4. 가치의 서열

1) 더 중요하고 가치 있는 것과 덜 중요하고 덜 가치 있는 것이 있음.

2) 본래적, 정신적 가치가 도구적, 물질적 가치보다 더 가치가 있다.

5. 가치 전도 현상

1) 오늘날 우리 사회는 가치의 서열이 뒤바뀌어 있는 상태의 가치 전도현상이 보편화됨.

2) 그러나 성경은 우리에게 무엇이 가장 중요한 가치인지를 인식시켜 준다.

6. 인간다운 삶

1) 인간다운 삶을 위해서 우선적으로 바람직한 가치관 확립이 필요함.

2) 중요한 가치를 알지 못하거나, 알면서도 외면하는 현상은 나쁘다.

7. 성경(=하나님의 말씀)은 참된 진리의 보고(寶庫)

1) 세상적 가치와 영적 가치를 조화롭게 만든다.

2) 인간 존재의 목적과 가치 등 창조의 설계 목적을 알게 된다.

3) 인류의 역사와 하나님의 개입을 이해한다.

4) 삶의 궁극적인 진리를 깨닫게 되고, 예수의 삶을 본 받게 된다.

5) 영적 훈련과 묵상의 자료가 되며, 영생에 대한 소망을 심어준다.

간추린 성경

성경 필사(筆寫)에 대하여

1. 개념

1) 전통적인 성경 공부 방식에는 읽고, 외우고, 묵상하는 방법이 있다.

2) 그러나 최근에는 성경 필사가 성경 통독만큼이나 큰 관심을 받고 있다.

3) 중세 수도원에서는 고행의 과정에서 성경 필사가 있었고, 참회나 영적 수행의 목적으로 성경 필사를 하기도 하였다.

4) 읽는 것보다 비효율적이라는 반론도 있지만, 나름의 유익한 점도 많다.

2. 성경을 필사하면 유익한 점 10가지

1) 자신이 성경 저자인 것과 같은 느낌으로 맥락을 이해하고 동감한다.

2) 필사는 한마디로 '**깊은 독서**'이다. 자연스럽게 말씀을 암송하게 된다.

3) 성경에는 우리가 일반적으로 사용하지 않는 단어나 구절들이 많다. 통독보다는 필사가 성경의 익숙하지 않는 용어에 대해 더 빠른 적응력을 보인다.

4) 끈기와 인내를 배운다. 조용히 앉아서 말씀을 써내려가는 작업은 우리 안에 있는 불안과 초조, 요동치는 마음, 각종 미디어 중독증에 좋은 치료제가 될 수 있으며 이를 통해 끈기와 인내를 배우게 된다.

5) 마음의 감정을 다스릴 수 있다. 고전이나 좋은 책을 필사하는 것이 사람의 마음을 차분하게 하고 힐링에 도움이 되는 것과 같은 이치다.

6) 말씀 묵상(默想)의 효과를 얻게 된다.

7) 통독(通讀)이나 정독보다 5배 이상의 효과가 있다는 연구가 있다.

8) 디지털 시대에 아날로그적인 감성(感性)을 느낄 수 있다.

9) 필사는 뇌(腦)에도 긍정적인 영향을 준다. 눈으로 읽을 때보다 손으로 글씨를 쓰면서 읽으면 뇌가 더 활발해진다는 사실이 밝혀졌다.

10) 작가 지망생들에게는 글쓰기의 기술을 높이는 방법으로 최상이다. 성경은 훌륭한 역사서이며, 철학서이고, 문학작품이다. 좋은 참고 자료가 될 수 있다.

성경 속 발음표기 현황

〈 중국 한문 발음 표기 〉	〈 영어 발음 표기 〉
* 예수	Jesus (지저스)
* 그리스도	Christ (크라이스트)
* 로마	Rome (로마, 롬)
* 예루살렘	Jerusalem (제루살렘)
* 애굽	Egypt (이집트)
* 유대	Judea (쥬대아)
* 베드로	Peter (피터)
* 마리아	Mary (메리)
* 요셉	Joseph (조셉)
* 모세	Moses (모제스)
* 바울	Paul (폴)
* 다윗	David (데이비드)
* 마태	Matthew (매튜)
* 마가	Mark (마크)
* 누가	luke (루크)
* 요한	John (존)
* 야고보	James (제임스)
* 유다	Judas (쥬다스)
* 레위	Levi (리바이)
* 다니엘	Daniel (대니얼)
* 빌립	Philip (필립)
* 사무엘	Samuel (새무엘)
* 야곱	Jacob (제이콥)
* 여호수아	oshua (조슈아)
* 메시야	Messiah (머시이어)

신(神)은 누구인가?

1. 개념

> 1) 하나님 (God)
>
> 2) 종교의 대상으로서 초인간적 또는 초자연적 위력을 가지는 존재
>
> 3) 인간이 만든 우상 (idol)

2. 성경 속에서 언급되는 하나님

1) 성경에서 신(God)은 오직 한 분뿐이다.

2) 하늘과 땅, 인간과 만물을 창조하신 분이다.

3) 전능하신 분, 강인한 오른 팔을 가지신 분, 정의로우신 분이다.

4) 끊임없이 사랑을 주시는 분, 자비를 베푸시고 용서하시는 분이다.

5) 다른 신을 숭배하는 인간들을 질투하여 화를 잘 내시는 분이다.

6) 도움을 청하면 지은 죄에도 불구하고 용서하고 구원하시는 분이다.

7) 심판하시는 분이다.

3. 인간이 신을 부르는 호칭

1) 하나님 (God)

2) 나의 주인님 (My Lord)

3) 그분 (He)

4) 당신 (You)

5) 여호와 (야훼)

6) 주 (主)님

4. 종합

신이란 창조주, 초인적 존재를 말하며, 믿음과 신뢰의 대상을 의미하며, 전지전능하며, 영생의 존재이며, 무형의 존재이며, 초월한 존재이며, 인간의 마음속에 내재해 있는 '**내적 초월 존재**'라고 정의하기도 한다.

하나님(God)에 대하여

1. 하나님은 누구이신가?

1) 우주와 만물을 지배하시고, 시공간을 지배하시는 절대자

2) 거룩하시고, 의(義)로우신 경배(敬拜)의 대상

3) 스스로 있는 자(I am who I am)

4) 영(靈, spirit)적인 존재

5) 창조주이시며 만물의 주인

6) 복되시고, 유일하신 주권자이시고, 참되신 창조주이시며 통치자

2. 하느님과 하나님의 차이점

1) 하느님 : 우주를 창조하시고 주재한다고 믿어지는 초자연적인 절대자, **가톨릭(천주교)**에서 신봉하는 유일신을 말한다.

2) 하나님 : **개신교(기독교)**에서 하느님을 대신해서 쓰는 말.

3. 하나님의 명칭

1) 하나님 : 보편적인 명칭 (창 1:1) "태초에 하나님이 천지를"

2) 주 : 그의 백성의 소유주가 되심 (창 15:2~8)

3) 아버지 : 성도의 개인적인 칭호, 삼위일체 중 성부(聖父)를 지칭함.

4) 여호와 : 스스로 계신 분 (출 3:14) "나는 스스로 있는 자이니라"

4. 하나님의 백성

1) 하나님의 권속(眷屬), 하나님이 돌보시는 무리

2) 구약에서는 이스라엘을 뜻하고

3) 신약에서는 그리스도인을 가리키는 말

하나님의 속성(屬性)

1. 개념

1) 신앙생활의 본질은 하나님의 본질과 속성을 아는 것으로부터 시작된다.
2) 하나님의 속성이란 기독교 신학에서 논의되는 하나님의 고유한 속성
(성품)을 말하는 바, 공유적 속성과 비공유적 속성으로 분류할 수 있다.

2. 공유적(共有的) 속성 : 〈하나님과 사람이 모두 갖고 있는 속성〉

1) 지식과 지혜 - 언제나 가장 좋은 목표와 그 목표에 대한 수단을 가진다.

2) 전지 - 실제 및 가능성 있는 모든 일(과거, 현재, 미래)을 아신다.

3) 전능 - 하나님은 자신의 거룩하신 뜻에 따라 모든 것을 행하실 수 있다.

4) 사랑 - 하나님은 값없이 영원히 자신을 주신다.

5) 진노 - 하나님은 모든 죄와 반역을 싫어하시고 진노로 반응하신다.

6) 거룩 - 순결과 의(義)를 의미한다.

7) 긍휼 - 하나님은 자비(慈悲)로우시고 은혜로우시다.

8) 주권(보존, 통치) - 피조물에 대해 절대적 지배권을 갖고 계신다.

3. 비공유적(非共有的) 속성 : 〈하나님에게만 있고 인간에게는 없는 속성〉

1) 자존성(自存性, aseity) -- 하나님은 스스로 존재하신다(출 3:14)

2) 불변성(不變性, immutability) -- 하나님은 변함이 없으시다.

 * 본질의 불변, 약속의 불변

 * 권능의 불변, 사랑의 불변, 공의(公義)의 불변

3) 무한성(無限性, infinity) -- 무한이란 제한으로부터의 자유함을 의미한다.

 * 절대적인 완전성(존재에 적용된 무한성)

 * 영원성(시간에 적용된 무한성)

 * 편재성(遍在性, 無所不在)

4) 유일성(unity) --하나님은 복잡한 존재가 아니라 단순성을 지닌 존재다.

하나님의 존재

1. 개념

1) 하나님의 존재하심을 확실하게 믿는 것은 기독교 신앙의 출발점이다.

2) 하나님의 존재를 의심하는 이 세상의 지식은 너무나도 광범해졌고 깊어졌다. 우리는 과학을 설득할 수 있는 강력한 힘을 지닌 증거를 성경 속에서 찾을 수 있고, 또한 찾을 수 있어야 한다고 생각한다.

2. 하나님의 존재를 입증하는 성경 구절

1) 종교성

전 3:11 - "하나님이 모든 것을 지으시되, 때를 따라 아름답게 하셨고, 또 사람들에게는 영원을 사모하는 마음을 주셨느니라."

2) 자연을 보아

시 19:1 - "하늘이 하나님의 영광을 선포하고 궁창이 그의 손으로 하신 일을 나타내는도다."

시 19:3 - "언어도 없고 말씀도 없으며 들리는 소리도 없으나"

히 3:4 - "집마다 지은이가 있으니 만물을 지으신 이는 하나님이시라."

3) 역사를 보아

시 30:10 - "여호와여 들으시고 내게 은혜를 베푸소서, 여호와여 나를 돕는 자가 되소서 하였나이다."

4) 성경을 보아

창 1:1 - "태초에 하나님이 천지를 창조 하시니라."

5) 그리스도의 증거

요 4:9 - "당신은 유대인으로서 어찌하여 사마리아 여자인 나에게 물을 달라 하나이까."

요 1:2 - "그가 태초에 하나님과 함께 계셨고"

요 1:3 - "만물이 그로 말미암아 지은 바 되었으니, 지은 것이 하나도 그가 없이는 된 것이 없느니라."

하나님의 말씀(Bible)

1. 개념

> 1) 하나님께서 하신 말씀 (word of God)
> 2) 하나님의 말씀이 기록된 성경 (* 성경은 인류 최고의 고전(古典)이다).
> 3) 불경은 부처님의 말씀이고, 논어는 공자의 말씀이고, 성경은 이 세상 가장 귀하신 하나님의 말씀이다.

2. 명칭

> 1) 성경 : 요 5:39 - "이 **성경**이 곧 내게 대하여 증언하는 것이니라."
>   딤후 3:16 - "모든 **성경**은 하나님의 감동으로 된 것으로"
> 2) 말씀 : 마 8:17 - "선지자 이사야를 통하여 하신 **말씀**에"
>   롬 10:17 - "믿음은 들음에서 나며, 들음은 그리스도의 **말씀**으로"
> 3) 도(道) : 약 1:22 - "말씀을 듣기만 하여 자신을 속이는 자가 되지 말라."
> 4) 율법 : 시 1:2 - "오직 여호와의 율법을 즐거워하여 주야로 묵상하도다."
> 5) 책 : 계 22:19 - "이 두루마리에 기록된 생명나무와 거룩한 성(聖)에"

3. 내용

> 1) 시작(창 1:1) "태초에 하나님이 천지를 창조 하시니라"
>   끝 (계 22:21) "주 예수의 은혜가 모든 자들에게 있을지어다 아멘"
> 2) 구약(39권)과 신약 (27권)
> 3) 오실 메시야, 오신 메시야, 장차 오실 메시야
> 4) 율법과 복음(행 4:31) "무리가 다 담대히 하나님의 말씀을 전하니라"
> 5) 하나님의 작정과 섭리
> 6) 구원과 심판 및 기타 천국과 지옥 등

하나님의 백성

1. 개념

1) 하나님의 백성(people of God)이란 유대교와 기독교의 경전인 성경에 등장하는 개념으로, 일반적으로 하나님의 권속(眷屬), 하나님이 돌보시는 무리를 뜻함.

2) 구약에서는 이스라엘 민족을 가리키는 말로 사용되고,

3) 신약에서는 그리스도인을 가리키는 말로 그 개념이 확장되고 있음.

2. 성경의 규정

1) 하나님의 백성

히 4:9 - "그런즉 안식할 때가 하나님의 백성에게 남아 있도다."

2) 여호와의 백성

민 11:29 - "여호와께서 그의 영을 그의 모든 백성에게 주사"

3) 내 백성

출 3:10 - "내 백성 이스라엘 자손을"

마 2:6 - "내 백성 이스라엘의 목자가 되리라."

4) 자기 백성

시 149:4 - "여호와께서는 자기 백성을 기뻐하시며"

하나님이 계시는 곳은 어디인가?

1) 하나님은 시공간에 제한받지 않으시고 우주 어디에나 계신다.

2) 모든 만물 위에 계시고 만물 안에 계신다.

3) 하나님(예수, 성령)은 모든 기독교인 안에 계신다.

4) 구약 시대에 여호와 하나님은 하나님의 임재와 언약의 증표로 생명나무, 무지개, 구름기둥, 불기둥 등을 사람들에게 보여 주셨다.

5) 예수 그리스도가 계신 곳에 하나님이 계신다.

6) 예수 그리스도의 사역(使役, forced labor))이 있는 곳에 계신다.

7) 하나님은 우주 모든 곳에 계셔서 찾는 자에게 응답하신다.

8) 믿음을 통하여 예수 그리스도께서 신도들의 마음 안에 사시며, 사랑의 뿌리를 내리어 기초를 굳게 한다.

9) 하나님은 우리들 안에 계시고, 우리들 또한 주님 안에 존재한다.

10) 하나님은 사람이 지은 집에는 계시지 않는다.

11) 하나님은 살아있는 생명이므로 영적 존재로 살아있는 생명체 안에 존재하신다.

12) 하나님은 생명의 하나님이시다. 그러므로 성전이나 교회, 성당 등의 무생물체에 존재하지 않으신다.

13) 하나님은 신도의 몸 안에 항상 내재되어 있다.

14) 과학적으로 분석하여 우상(偶像, idol)은 대부분이 죽은 사물이므로 생명의 하나님(성령)이 계실 수 없다.

15) 하나님 나라는 하나님이 주권적으로 통치하는 영역이며, 구원의 영역이다.

천국(天國, Heaven)에 대하여

1. 개념

> 1) 하나님이 통치하는 나라
> 2) 믿는 성도들이 지향하고 있는 목적지

* 천국 또는 하늘나라는 여러 종교나 철학에서 등장하는 단어로서, 신성, 선향, 신앙심 등의 기준을 충족한 사람들에게 허락되는 거룩한 곳을 의미한다.
* '**구약성경**'에서 천국은 이스라엘인들의 하나님인 '**야훼**'가 거하시는 곳으로 생각되었으나, 후기 유대교에서 천국은 하나님과 함께 살기 위해 장차 부활 할 의인들의 **사후 목적지**로 생각되었다.
* 그러나 천국은 구원받은 자들이 사후에 가는 장소라기보다는 '그리스도와 함께 사는 삶'을 상징하는 것으로 봄이 타당하리라 생각된다.

2. 명칭

① 하나님의 나라, ② 아버지의 나라, ③ 그리스도의 나라, ④ 영원한 나라, ⑤ 하늘의 예루살렘 등

3. 천국에 들어갈 수 있는 자

1) 들어갈 수 있는 자	2) 들어가지 못할 자
* 심령이 가난한 자 * 의를 위하여 핍박을 받는 자 * 서기관 및 바리새인의 의보다 　더 나은 자 * 하나님의 뜻대로 행하는 자 * 거듭난 자, 환난을 이긴 자 * 어린아이와 같은 자 * 주께서 구원하신 자 * 하나님을 사랑하는 자 * 생명책에 기록된 자, 회개한 자 * 아버지께 복 받은 자	* 행음(음행)하는 자 * 불의한 자, 게으른 자 * 욕하는 자, 복술자(卜術者) * 살인자, 흉악한 자 * 귀신들린 자 * 탐(貪)하는 자, 두려워하는 자 * 육(肉)에 속한 자, * 투기(妬忌)하는 자 * 술객(術客), 우상 숭배자 * 거짓말 하는 자

하나님의 천지창조 순서

첫째 날 : 빛과 어둠을 나누심

둘째 날 : 물 가운데에 궁창(창공)을 두어 둘로 나누심

셋째 날 : 땅을 만드시고 씨 맺는 채소, 각종 열매 맺는 나무를 만드심

넷째 날 : 광명체를 만들어 낮과 밤을 주관하게 하시고 별들을 만드심

다섯째 날 : 물속엔 온갖 생물과, 하늘엔 온갖 새 종류를 만드심

여섯째 날 : 땅위에 가축과 기는 것, 짐승을 만드시고 사람을 만드심

일곱째 날 : 안식(安息) 하심

〈참고〉

1) 하나님의 특별 계시인 성경의 첫 막(幕)을 여는 창세기는 우주에 있는 모든 것들의 시작에 관한 책이다.

2) 그러나 여기에서 말하는 창조의 시간은, 사람의 기준으로 생각하고 해석해서는 절대로 안 된다.

3) 창세기 1장 2절에 보면, "땅이 혼돈하고 공허하며 흑암이 깊음 위에 있고, 하나님의 영은 수면위에 운행하시니라"고 나온다.

4) 이 말씀을 비추어 볼 때, 혼돈과 공허의 시간이 사람이 예측할 수 없는 하나님만 아시는 시간의 길이임을 알려주고 있는 것이다.

5) 그러므로 우리는 창세기를 읽으면서 굳이 창조의 시간이 얼마나 걸렸나? 라고 알려고 하기 보다는 태초에 하나님이 천지를 창조하실 때 하나님의 창조물이 어떤 순서로 지어졌는지를 살펴보면 될 것으로 본다.

종교 문답 (1)

종교 문답은 (故)차동엽 신부님의 저서에서 인용함 -

1. 신(하나님)의 존재를 어떻게 증명할 수 있나?

현대 물리학에선 우주의 차원을 11차원이라고 한다. 신이 존재한다면 그 너머의 차원일 것이다. 3차원적인 인간이 11차원의 존재를 어떻게 인식할 수 있겠나?

2. 하나님이 우주만물의 창조주이심을 무엇으로 증명할 수 있나?

'증명'의 문제가 아니라 '체험'의 문제로 접근하여야 한다.

3. 하나님이 인간을 사랑했다면 왜 고통과 불행과 죽음을 주었는가?

하나님은 우리에게 '자유의지'를 주었다. 고통의 뒤에는 선택이 있고 그 선택 뒤에는 자유의지가 있다. 고통은 주로 자유의지를 엉뚱하게 사용했을 때 찾아온다. 우리의 선택이 하나님 섭리의 궤도를 벗어날 때 고통이 찾아온다. 일종의 '경고 사인'이다. 즉 고통과 불행과 죽음은 올바른 궤도를 찾기 위한 신호다.

4. 부자는 천국에 갈 수 없는 악인인가?

'나눔'을 강조한 예수님의 메시지다. 이웃과 잘 나누는 부자가 있다면 부자도 천국에 갈 것이다.

5. 지구의 종말은 오는가?

내가 죽는 날이 종말이다. 성경에는 종말이 있다고 돼 있다. 그러나 종말을 보는 시각이 좀 다르다. 종말을 기대하는 사람과 두려움에 떠는 사람이 있다. 신앙인은 종말을 파국이 아니라 추수의 시간으로 본다. 종교는 결국 종말 너머를 향하기 때문이다.

6. 인간은 하나님의 창조물인가? 진화과정의 산물인가?

하나님이 '흙으로 인간을 빚었다'는 것은 단지 은유적 표현이다. 대립적 관계가 아니다. 하나님이 창조한 생명체도 변화하는 환경에서 생존하려면 끝없이 진화해야 한다. 그러나 진화론은 창조론이란 더 큰 울타리 안에 포함된 개념일 뿐이다.

7. 왜 하나님은 우리가 죄를 짓게 방치하는가?

그 역시 우리가 자유의지가 있기 때문이다.

간추린 성경

종교 문답 (2)

8. 성경이 하나님의 말씀임을 증명할 수 있나?

구약성경은 1000여 년 동안 사람들의 입을 통해 구전되던 이야기를 기록한 작품이다. 긴 세월, 여러 사람, 다양한 음성을 통해 나온 말이 어쩌면 그렇게 합치될 수 있을까? 신구약성경에는 일관된 기조가 있다.

종합해 볼 때, 성경의 원저자는 저 위에 계신분이고, 성령이고, 그 밑에 있는 사람들은 입과 손과 가슴을 빌려준 것이라고 본다.

9. 종교란 무엇인가? 왜 인간에게 종교가 필요한가?

우리 인간은 모두 유한한 존재다. 그래서 무한을 동경하고 영원을 갈망한다. 그런 염원이 하나의 형식이 됐을 때 종교가 된다. 즉 인간은 자기들이 동경하던 무한성에 '신'이란 이름을 붙이고 그 무한성을 인격체로 여긴 사람들이 그것을 숭배하게 되고 도움 받기를 청하는 것이다. 결국 인간은 종교라는 터널을 통해 영원을 갈망하는 것이다.

10. 신앙이 없어도 부귀를 누리고, 악인 중에도 부귀와 안락을 누리는 사람이 많은데 하나님의 교훈은 무엇인가?

불공정 사회를 만든 것은 하나님이 아니라 인간들이다. 더 정확히 말하면 인간의 탐욕이다. 한국이 불공정 사회라면 그것을 책임지고 개선해야 할 주체는 하나님이 아니라 대한민국 국민이다. 인간은 하나님이 부여한 자유의지에 따라 죽음의 순간까지 선택의 기회를 갖는 것이고, 자기 책임에 따른 벌은 사후 또는 종말 때 주어진다.

11. 영혼이란 무엇인가?

물질계를 초월하는 생명현상, 그것이 영혼이며, 영혼은 인간만이 소유할 수 있는 신비 그 자체인 것이다.

12. 인간의 영혼은 죽은 후에 정말 천국이나 지옥에 가는가?

죽음 너머의 세계는 객관적 검증이 불가능하다. 우리는 죽음을 '돌아 가셨다'라고 표현한다. 왔던 곳으로 다시 갔다는 뜻이다. 육체는 흙에서 왔으니 흙으로 돌아가고, 영혼은 하나님에게서 왔으니 하나님께로 다시 돌아간다는 말이다.

종교 문답 (3)

13. 신은 왜 자신을 드러내지 않는가?

신의 침묵은 인간에게 자유의지를 주기 위함이다. 자유의지 안에서 신을 찾는 것을 인간의 책임으로 하기 위함이다. 즉 하나님이 인간들에게 선과 악을 판단할 수 있는 능력을 주시고 그 행위에 대하여 책임을 묻기 위한 조치의 하나이다.

14. 많은 종교들이 존재하는 이유는 무엇인가?

모든 종교는 궁극적으로 동일한 진리를 향하고 있으며, 각기 다른 방식으로 인간이 신과 만나는 길을 제공한다.

15. 종교와 과학은 서로 공존이 가능한가?

과학은 신의 창조를 이해하는 도구일 뿐이며, 둘은 충돌하지 않는다. 우주의 섬세한 질서는 창조주의 존재를 암시한다.

16. 왜 인간은 완전하지 않은가?

완전하지 않은 인간은 신의 섭리를 이해하고, 자신의 불안전성을 극복해 나갈 수 있는 여지를 가진다. 이것은 신과의 협력을 통하여 성숙해 가는 과정이다.

17. 신앙의 의미와 본질은 무엇인가?

신앙은 단순한 믿음이 아니라 신과의 관계를 형성하는 삶의 방식이다. 이를 통해 인간은 자신과 타인을 이해하고 사랑하게 된다.

18. 신이 전능하다면 세상에 왜 악(惡)이 존재하는가?

이는 인간의 자유의지에서 비롯된 결과이며, 신은 이를 통해 인간이 선(善)과 사랑을 선택하도록 유도한다.

19. 신(神)의 침묵 속에서 인간이 할 일은 무엇인가?

신의 침묵은 인간에게 질문을 던지고, 인간이 스스로 자신을 성찰하며 진리를 찾도록 하는 초대로 본다. 인간은 신앙과 이성을 통해 신을 발견해 나가는 것이다.

'예수 그리스도'는 누구인가?

1. 개념(뜻)

1) 보이지 않는 하나님이 인간의 형체를 입고,

2) 보이는 하나님으로 오신 구세주의 이름을 뜻하는 '**예수**'와

3) 그의 칭호를 나타내는 '**그리스도**'를 합하여 부르는 이름.

2. 예수 그리스도의 일생

1) 인간으로 오신 예수님께서 그의 직분인 선지자요, 왕이요, 제사장의 직분을 완수하시는 것을 나타내는 말(* 예수 그리스도)

2) 그는 혈통으로 다윗의 후손이요, 직분상으로는 창세전에 계신자요, 하나님이시며, 창조주이시고, 구원자이시다.

3) 로마 황제 아구스도가 호적령을 내릴 때, 유대 베들레헴 마구간에서 탄생하셨다.

4) 헤롯 왕이 아기를 해하려 할 때 애굽에 갔다가, 헤롯이 죽은 후에 나사렛에 돌아와 사셨다.

5) 나사렛 사람이라고 일컫는다.

6) 세례 요한에게 세례를 받고 광야에서 금식 기도하며, 마귀의 시험을 물리치고 공생애를 시작하셨다.

7) 많은 교훈과 이적을 행하시고,

8) 빌라도의 정치재판으로 사형선고를 받고,

9) 구속사역(세상 죄를 지고 달리신 어린 양)을 이루시고,

10) 장사된 지 3일 만에 다시 살아나시어,

11) 하나님 되심을 보이시고 40일 동안 세상에 계셨고, 11번 나타나시고 승천하셨다.

예수가 탄생하신 목적

1. 예수님의 탄생

1) 예수님의 탄생은 인류 역사상 가장 위대한 사건이다(마 1:18~25).

2) 창조주 하나님이 피조물인 인간의 몸으로 세상에 내려오신 사건이다.

3) 하느님이 우리에게 자기 모습을 직접 보여주신 사건이다.

4) BC 700~800년경에 구약성경에서 이미 예언된 사건이다.

2. 예수가 탄생하신 목적〈기독교 신앙의 핵심임〉

1) 하나님과 인간의 화해(구원) : 인간의 죄를 대속(代贖)하기 위하여

2) 하나님의 사랑과 성품을 제시 : 하나님의 사랑, 은혜, 공의(公義), 그리고 자비를 직접 보여주기 위하여

3) 하나님 나라의 도래를 선포하기 위하여 : 하나님의 나라를 선포하고, 그 왕국의 가치를 이 세상에 가져오기 위하여

4) 진리를 증거 하시려고 : "곧 진리에 대하여 증언하려 함이로라."

5) 생명을 주시려고 : "내가 온 것은 양으로 생명을 얻게 하고"

6) 죄인을 회개시키려고 (눅 5:32) : "내가 의인을 부르러 온 것이 아니요, 죄인을 불러 회개시키려 왔노라."

7) 복음을 전파하시기 위하여 (막 1:38) : "우리가 다른 가까운 마을로 가자! 거기서도 전도하리니 내가 이를 위하여 왔노라."

8) 우리와 함께 하시기 위하여(요 14:16~20) : "그 날에는 내가 아버지 안에, 너희가 내 안에, 내가 너희 안에 있는 것을 너희가 알리라."

9) 악을 소멸하려고 : "이불이 이미 붙었으면 내가 무엇을 원하리요."

10) 빛을 비추려고(요 8:12) : "나는 세상의 빛이니 나를 따르는 자는, 어둠에 다니지 아니하고 생명의 빛을 얻으리라."

성육신(成肉身)에 대하여

1. 개념

1) 하나님이 인간이 되어 세상에 오신 사건으로, 기독교 신앙의 핵심 중 하나이다. 이는 요한복음 1장 14절의 "말씀이 육신이 되어 우리 가운데 거하시매"라는 말씀으로 대표된다.

2) 성육신은 하나님의 사랑과 구원의 계획을 드러내는 중심적 사건으로 그리스도의 탄생, 삶, 죽음, 부활로 이어져 인류를 구원하는 길을 열었다.

2. 내용 요약

1) 의미 : 영원하신 하나님이 인간의 역사와 물리적 세계에 들어오셨다.

2) 목적 : 죄로 인해 단절된 하나님과 인간 사이를 화목하게 하시기 위함.

3) 예언 : 구약의 여러 선지자들이 예수의 오심을 예언함(사 7:14 등).

4) 완전한 신성(神性) : 예수는 여전히 완전한 하나님으로 존재하심.

5) 완전한 인성(人性) : 예수는 인간의 몸과 감정, 한계를 가지셨다.

6) 두 본성 : 신성과 인성이 하나의 인격 안에 완전하게 결합되었다.

7) 겸손의 상징 : 하나님이 인간의 낮은 자리에 임하셨음을 보여줌.

8) 하나님과의 화목 : 인간과 하나님 사이에 중재자가 되심.

9) 하나님의 사랑 : 하나님이 인간을 사랑하기 위해 스스로 낮아지심.

10) 구원의 시작 : 십자가 죽음과 부활을 통한 구원의 출발점.

11) 죄 없는 삶 : 예수는 죄 없이 완전한 삶을 사셨다.

12) 대속의 사역 : 성육신으로 인해 예수는 인류의 죄를 대신 짊어지심.

13) 인류의 대표 : 아담이 인류의 첫 대표라면, 예수는 새로운 대표로 오심.

14) 종말의 의미 : 성육신은 예수의 재림과 하나님의 완전한 통치를 예고함.

예수 그리스도의 탁월하신 점 10 가지

1. 개념

우리를 죄에서 구속(救贖)하신 예수 그리스도의 탁월하신 점에 대하여 사도 바울이 증거한 10가지는 다음과 같다.

2. 탁월하신 점 10 가지

1) 보이지 아니하는 하나님의 형상이다.

하나님께서는 영(靈)이시므로 볼 수 없지만, 예수께서는 …

2) 모든 창조물보다 먼저 나신 분이시다.

하나님과 하나님의 아들(예수)은 모두 신성(神性)을 가지고 있다.

3) 만물을 창조하신 창조주이시다.

만물이 '그로 말미암고'는 그를 통해서 창조되었다는 뜻이다.

4) 모든 만물의 창조의 목적이시다.

온 세상은 하나님을 위하여, 예수 그리스도를 위하여 창조되었다.

5) 만물보다 먼저 계셨다.

"나는 알파요 오메가요 처음과 마지막이요 시작과 마침이라."

6) 만물을 붙드시는 분이시다.

만물의 창조자이실 뿐만 아니라 또한 '보존자'이시다.

7) 몸인 교회의 머리이시다 : 교회는 그의 몸이며, 그는 교회의 머리이시다.

8) 근본이시다 : 그는 만물의 주권자(근본, 근원)이시다.

9) 죽은 자들 가운데서 먼저 나신 자이시다.

그가 최초로 영광스러운 '부활'을 하셨음을 뜻함.

10) 만물의 으뜸이 되셨다.

모든 입으로 예수 그리스도를 '주'라 시인하여 아버지께 영광을 …

예수님의 명령

1. 회개하라(마 4:17)

2. 믿으라(막 1:15)

3. 거듭나라(요 3:7)

4. 구하라(마 6:23)

5. 성령을 받으라(요 20:22)

6. 기도하라(눅 22:40)

7. 두려워 말라(마 14:27)

8. 따르라

9. 성경을 상고하라

10. 말씀을 기억하라

11. 빛을 비추라

12. 하나님을 사랑하라(막 12:30)

13. 경배하라(마 4:10)

14. 내 말을 지키라

15. 주를 기념하라(눅 22:19)

16. 순종하라(막 12:17)

17. 이웃을 사랑하라(마 19:19)

18. 탐심(貪心)을 버리라(눅 12:15)

19. 외식(外飾)하지 말라(눅 121; 마 23:2)

20. 온유하라(마 11:29)

21. 형제를 사랑하라(요 15:12)

22. 지혜로워라

23. 복음을 전파하라(막 16:15)

24. 신실(信實)하라(마 24:13)

25. 어린 양을 먹이라

26. 재림을 기다리라(눅 12:40)

27. 세례를 주라

예수님의 말씀 (복음서 어록 1)

⟨ 나 ⟩
* 나를 따르라.
* 나는 생명의 빵이다.
* 나는 세상의 빛이다.
* 나는 착한 목자다.
* 나는 섬김을 받으러 온 것이 아니라, 섬기려 왔다.
* 나는 세상에 불을 지르러 왔다.
* 나는 이 세상을 심판하러 왔다. 보지 못하는 이들은 보고, 보는 이들은 눈 먼 자가 되게 하려는 것이다.
* 나는 부활이요 생명이다. 나를 믿는 사람은 죽더라도 살고, 또 살아서 나를 믿는 모든 사람은 영원히 죽지 않을 것이다.
* 내가 너희에게 한 말은 영이며 생명이다.

⟨ 너희 ⟩
* 너희는 세상의 소금이다.
* 너희는 세상의 빛이다.
* 너희의 눈은 볼 수 있으니 행복하고, 너희의 귀는 들을 수 있으니 행복하다
* 너희가 기도할 때에 믿고 청하는 것은 무엇이든지 다 받을 것이다.
* 네 이웃을 네 몸같이 사랑하여라.
* 원수를 사랑하여라.
* 너도 가서 그렇게 하여라.
* 끊임없이 간청하여라.
* 끝자락에 앉으라.
* 지금 배부른 사람들, 너희는 굶주리게 될 것이다.
* 오른 손이 하는 일을 왼손이 모르게 하라.
* 보물을 하늘에 쌓아라.
* 하나님이냐? 재물이냐?
* 남을 심판하지 말라, 그래야 너희도 심판받지 않는다.
* 남이 너희에게 해 주기를 바라는 그대로, 너희도 남에게 해 주어라(황금률)
* 좁은 문으로 들어가라.
* 너희 가운데에서 가장 작은 사람이야말로 가장 큰 사람이다.

간추린 성경

예수님의 말씀 (복음서 어록 2)

〈 너희 〉
* 고생하며 무거운 짐을 진 너희는 모두 나에게 오너라.
* 어린이처럼 자신을 낮추는 이가 하늘나라에서 가장 큰 사람이다.
* 작은이들을 업신여기지 마라.
* 형제가 죄를 지으면 깨우쳐 주어라.
* 형제가 죄를 지으면 몇 번이고 용서하여라.
* 자기 형제를 마음으로부터 용서하지 않으면, 하늘의 내 아버지께서도 너희에게 그와 같이 하실 것이다.
* 자신을 높이는 이는 낮아지고, 자신을 낮추는 이는 높아질 것이다.
* 너희는 작은 벌레들은 걸러 내면서 낙타는 그냥 삼키는 자들이다.
* 너희가 이 가장 작은이들 가운데 한 사람에게 해 주지 않은 것이 바로 나에게 해 주지 않은 것이다.
* 죄 없는 자가 먼저 저 여자에게 돌을 던져라.
* 첫째가 꼴찌 되고, 꼴찌가 첫째 되는 이들이 많을 것이다.
* 꼴찌가 첫째 되고, 첫째가 꼴찌 될 것이다.
* 먼저 잔속을 깨끗이 하여라. 그러면 겉도 깨끗해질 것이다.
* 너는 어찌하여 형제의 눈 속에 티는 보면서, 네 눈 속에 있는 들보는 깨닫지 못하느냐?
* 청하여라 주실 것이다. 찾아라 얻을 것이다. 두드려라 열릴 것이다.
* 무엇을 먹을까? 무엇을 마실까? 무엇을 입을까? 걱정하지 마라.
* 내일을 걱정하지 마라. 내일 걱정은 내일이 할 것이다.
* 거저 받았으니 거저 주어라
* 뱀처럼 슬기롭고, 비둘기처럼 순박하게 되어라.
* 심판 날에는 소돔 땅이 너보다 견디기 쉬울 것이다.
* 우리가 피리를 불어도 너희는 춤추지 않고, 우리가 곡을 하여도 너희는 가슴을 치지 않는다.
* 내 아버지의 뜻을 실행하는 사람이 내 형제요, 누이요, 어머니다.
* 깨어 있어라. 너희가 그날과 그 시간을 모르기 때문이다.
* 너희를 받아들이는 이는 나를 받아들이는 사람이고, 나를 받아들이는 이는 나를 보내신 분을 받아들이는 사람이다.

예수님의 말씀 (복음서 어록 3)

〈 일반 〉

* 새 포도주는 새 부대에 담아야 한다.
* 안식일은 사람을 위하여 생긴 것이지, 사람이 안식을 위하여 생긴 일은 아니다.
* 숨겨진 것은 드러나기 마련이고, 감추어진 것은 알려지기 마련이다.
* 육신은 죽여도 영혼은 죽이지 못하는 자들을 두려워하지 마라.
* 성령을 모독하는 말은 용서받지 못할 것이다.
* 나무는 그 열매를 보면 안다.
* 눈 먼 이가 눈 먼 이를 인도하면 둘 다 구덩이에 빠질 것이다.
* 어리석은 자야 오늘 밤에 네 목숨을 되찾아 갈 것이다. 그러면 네가 마련해 둔 것은 누구 차지가 되겠느냐?
* 하늘에서는 회개할 필요가 없는 의인 99명보다 회개하는 죄인 한 사람 때문에 더 기뻐할 것이다.
* 회개하는 죄인 한 사람 때문에 하나님의 천사들이 기뻐한다.
* 아주 작은 일에 성실한 사람은 큰일에도 성실하고, 아주 작은 일에 불의한 사람은 큰일에도 불의하다.
* 겨자씨는 어떤 씨앗보다도 작지만, 자라면 어떤 풀보다도 커져 나무가 되고 하늘의 새들이 와서 그 가지에 깃들인다.
* 부자가 하늘나라에 들어가는 것보다, 낙타가 바늘구멍으로 빠져 나가는 것이 더 쉽다.
* 하늘과 땅은 사라질지라도 내 말은 결코 사라지지 않는다.
* 세리와 창녀들이 너희보다 먼저 하나님의 나라에 들어간다.
* 황제의 것은 황제에게 돌려주고, 하나님의 것은 하나님께 돌려 드려라.
* 가난한 과부가 헌금함에 돈을 넣은 다른 모든 사람보다 더 많이 넣었다.
* 나에게 '주님 주님' 한다고 모두 하늘나라에 들어가는 것이 아니다.
* 나의 이 말을 듣고 실행하지 않는 자는, 모두 자기 집을 모래 위에 지은 어리석은 사람과 같다.
* 사람들에게 높이 평가되는 것이 하나님 앞에서는 혐오스러운 것이다.
* 거룩한 것을 개들에게 주지 말고, 너희의 진주를 돼지들 앞에 던지지 마라. 그것들이 발로 그것을 짓밟고 돌아서서 너희를 물어뜯을 지도 모른다.

예수님의 재림(再臨, 다시 오심)에 대하여

1. 개념 : 재림은 부활하여 승천하신 예수 그리스도가 영광 속에 다시 오셔서, 산자와 죽은 자를 심판하기 위해 또 다시 오시는 것을 말한다.

2. 재림에 관한 예언

　　1) 신약에 318번 예언되었다(*초림은 구원자로, *재림은 심판자로 오심)

　　2) 재림의 날에 대한 표현들 : 진노의 날, 그리스도의 날, 그의 날, 형벌의 날, 심판의 날, 만물의 마지막 날, 말세, 진노의 큰 날 등이 있다.

3. 재림의 시기

　　1) 아무도 모르지만 하나님은 아신다(하나님이 정하신 시간에 이루어진다).

　　2) 예기치 않을 때 주께서 오신다(*그날은 도둑 같이 임하신다).

4. 재림의 징조

　　1) 적그리스도가 나타나서 반기독교 운동을 편다.

　　2) 거짓 선지자와 거짓 그리스도의 출현이 있다(* 붉은 용의 세력 등장).

　　3) 처처에 기근이 발생하고, 민족과 민족 간의 분쟁이 발생한다.

　　4) 불법이 성해지고, 사랑이 식어지며, 이스라엘 나라가 회복된다.

5. 재림의 목적

　　1) 구속함을 받은 성도들을 모든 고통, 슬픔, 환란에서 구함.

　　2) 성도들을 부활시키고, 악인의 심판을 위하여 오신다.

6. 재림의 양상

　　1) 부활 승천하신 몸 그대로의 형체를 입고 오신다.

　　2) 인격적으로 볼 수 있게 오시며, 영광스러운 몸으로 오신다.

　　3) 죽은 자의 부활과 살아있는 자들의 변화가 있다.

7. 재림을 기다리는 우리들 삶의 자세

　　1) 하나님이 다스리시는 시간에 초점을 맞추고 살아야 한다.

　　2) 회개의 삶과 깨어 있는 삶을 살아야 한다.

부활의 신학적 의미

1. 개념

1) 부활은 예수님이 십자가에서 못 박혀 죽임 당한지 사흘 째 되는 날에 부활한 사건을 말하는 바, 이는 단순한 역사적 사건이 아니라, 기독교 신앙과 삶의 중심이다.

2) 부활은 전 세계적으로 20억 명이 넘는 신자들의 신앙 체계 전체를 정의하고 형성하는 중추적인 사건이다.

3) 그리스도인들에게 부활은 고통에 직면한 희망의 원천이고, 무덤 너머의 새 생명에 대한 약속이며, 인류를 향한 하나님의 무한한 사랑의 표현이라고 할 수 있다.

2. 예수 그리스도 부활의 중요성

1) 부활은 기독교 신앙의 기본(초석)이며, 복음의 핵심이다.

2) 부활은 우리의 죄와 죽음의 문제를 해결하며, 새로운 생명과 영원한 소망을 제공한다.

3) 부활을 믿는다는 것은 결국 하나님을 믿는다는 것이다.

4) 예수님이 하나님의 아들이며, 메시야라는 사실을 입증하고 있다.

5) 부활을 미리 알려준 구약의 예언들을 사실로 입증 시켜주고 있다.

6) 기독교 신앙의 기본 교리인 인간의 부활에 대한 증거로서 중요하다.

7) 예수님의 부활은 초기 추종자들에게 그의 신성(神性)을 확인시켰다.

8) 예수 그리스도의 부활에 대한 믿음은 믿는 자들의 신실한 믿음에 더욱 도움을 주고, 영원토록 하나님의 충직한 자녀가 되도록 유도한다.

9) 부활의 이야기는 기독교의 초석이 되어 종교의 진로를 형성하고 정의했다.

10) 부활은 그리스도를 따르는 모든 이들에게 능력과 평안을 주는 사건이다.

복음 (福音)이란 무엇인가 (1)

1) 복음(Gospel, Good news)은 기쁜 소식을 뜻한다.

2) GOSPEL이라는 단어는 원래 'GOD SPEL'이라는 단어로 구성되어 있는데, '하나님의 소리'라는 뜻이다. 그래서 복음은 하나님의 소리 곧 하나님의 복음이란 말이다.

3) 복음은 그리스도의 가르침 또는 그리스도에 의한 인간 구원의 길이다.

4) 구체적인 복음의 정의에 관하여 기독교 안의 정의가 각기 다르다.

5) 구교(로마 가톨릭)에서는 하나님의 말씀을 복음으로 말하는 경향이 있고,

6) 신교(개신교)에서는 예수 그리스도에 집중하여 '오직 믿음으로 구원된다.'는 말씀을 복음으로 전하고 있다.

7) 때문에 신약성경의 복음서는 예수그리스도의 복음만을 담고 있다.

8) 복음, 즉 좋은 소식은 예수의 십자가 죽음, 부활, 그리고 하나님 나라의 도래가 되는 것이다.

9) 복음은 인간의 죄를 대속(代贖)하기 위해 메시야 예수가 십자가에서 죽으시고 부활하여 인간을 죄와 죽음에서 구원하여 영생의 하나님 나라에 들어가게 한다는 약속을 의미한다.

10) 복음은 모든 믿는 사람들에게 구원을 주시는 하나님의 능력이다.

11) 복음에는 하나님의 의(義)가 나타나서 믿음으로 믿음에 이르게 한다.

12) 복음은 하나님과 예수 그리스도의 언약과 말씀, 그리고 두 분의 이름으로 전한 예수 사도들의 복음을 모두 포함한다.

13) 복음은 진리의 말씀이다.

14) 복음은 죄(罪)로 타락한 사람들에게 하나님께서 첫 사람(아담, 이브)을 창조 하셨던 상태로 다시 되돌아가는 길을 알려주시는 기쁜 소식이다.

15) 본질적으로, 구교는 천국이나 하나님의 좋은 말씀으로 주장하고, 신교는 죄인인 우리를 은혜로 구원하시는 예수 그리스도의 역사로 인식한다는 점에서 큰 차이가 있다.

복음 (福音)이란 무엇인가 (2)

16) 복음은 지상 최대의 기쁜 소식으로 예수 그리스도를 통한 구원의 소식을 말하는 것이다.

17) 복음은 하나님이 죄인을 사랑하셔서 구원의 길을 열어주셨다는 소식이다.

18) 복음은 모든 사람을 구원으로 부르시는 하나님의 초대장이다.

19) 복음은 예수님의 대속(代贖)으로 죄에서 자유로워짐을 선포하는 것이다.

20) 복음은 믿음으로 하나님과 화목(和睦)해 지는 길이다.

21) 복음은 성령의 임재(臨在)이다. 즉 하나님을 믿는 자에게 주어지는 성령의 선물이다.

22) 복음은 평화의 메시지이다. 즉 하나님과 인간, 인간 상호 간의 화평이다.

23) 복음은 예수님을 통해 하나님과의 깨어진 관계 회복이다.

24) 복음은 인간의 행위가 아닌 하나님의 은혜로 제공된 선물이다.

25) 복음은 하나님과 영원히 함께 할 수 있는 영생의 약속이다.

26) 복음은 죄를 버리고 하나님께 돌아오라는 회개(悔改)의 초대장이다.

27) 복음은 예수님의 탄생, 죽음, 부활을 통해 이루어진 구원의 완성이다.

28) 복음은 미래 영광의 약속이다. 즉 새 땅에서의 영원한 삶의 약속이다.

29) 복음은 유대인과 이방인 모두를 포함하여 모든 민족에게 선포된 구원의 메시지이다,

30) 복음의 진정한 의미는 하나님의 사랑과 구원의 계획이 예수 그리스도를 통해 완성되었다는 점이다. 복음은 단순한 종교적 메시지가 아니고 우리에게 자유와 영원한 생명을 주시려는 예수 그리스도의 사랑의 행동이다.

31) 결론적으로, 복음은 하나님이 주도하신 구원(救援)의 이야기로, 우리에게 새로운 생명과 소망을 주는 능력이다. 복음을 통해 우리는 죄와 죽음에서 해방되어 하나님 안에서 진정한 평화와 기쁨을 누리게 된다. 이는 단순한 지식이나 철학이 아니라 , 삶의 중심을 변화시키는 진리인 것이다

사복음서 비교 분석

	마태복음	마가복음	누가복음	요한복음
1. 기록 연대	AD 50~70년	AD 65~70년	AD 60~62년	AD 85~90년
2. 저자	마태Matthew * 세리 출신	마가(Mark) * 선교사	누가(Luke) * 의사 출신	사도요한 (John) * 어부
3. 예수님을 보는 시각	유대인의 '王'('메시야)	고난 받는 '종'	흠 없는 '인자(人子)'	성육신 하신 '성자'
4. 주요 독자 (수신자)	유대인	로마인	이방인 (異邦人)	전 세계 모든 사람
5. 기록 장소	유대 땅	로마	가이사랴	에베소
6. 중심 주제	율법과 예언의 성취	예수님의 전능과 기적	예수님의 자비와 인류애	예수님의 신성. 영원한 생명.
7. 주요 내용	산상수훈 천국비유		탕자의 비유	포도나무 비유
8. 독특한 특징	구약의 인용 이 많음	가장 짧은 복음서	소외된 사람들 역할 강조	상징과 비유 로 가득함

믿음 (faith)의 본질 (1)

1. 개념

> 1) 믿는 마음(기독교 신앙의 출발점)
>
> 2) 참되고 믿을 만한 것으로 마음에 받아들이는 것
>
> 3) 예수님을 내 인생의 주인으로 영접하는 것
>
> 4) 강한 의지의 표현, 확신하는 것, 신뢰하는 것

2. 믿음의 종류

> 1) 본능적인 믿음(태어날 때부터 갖는 믿음)
>
> 2) 영적인 믿음(무에서 유를 창조하는 믿음)

3. 믿는 자, 믿지 아니하는 자(불신자)

〈 믿는 자 〉	〈 믿지 아니하는 자 〉
1) 그리스도에 속한 자, 빛의 자녀	1) 사탄의 자식, 멸망을 받은 자
2) 믿음을 실천하는 자	2) 육체를 추구하는 자, 영혼이 죽은 자
3) 자유함을 얻은 자, 새로운 피조물	3) 죄와 사망의 노예, 흑암 속에 있는 자

4. 잘못된 믿음이란?

> 1) 단순히 지식적으로 동의하는 믿음
>
> 2) 현세적이고 일시적인 믿음, 행함이 따르지 않는 믿음

5. 참된 믿음의 결과는?

> 1) 새로운 피조물(새사람)이 된다
>
> 2) 죄를 용서 받고 영생을 얻음, 하나님의 자녀가 됨
>
> 3) 담대하고 승리하는 삶, 기쁨과 평안이 찾아옴

믿음 (faith)의 본질 (2)

6. 믿음으로 승리하는 비결

> **1) 눈으로 보고 믿자**
>
> * 도마가 예수님의 손에 못 자국을 보고, 모세가 지팡이가 뱀이 된 것을 보고,
>
> * 베드로가 물고기가 가득하게 잡힌 것을 보고, 예수님의 제자들이 물이 포도주가 된 것을 보고 등등
>
> **2) 마음으로 믿자**
>
> * 눈으로 보았으면 마음으로 믿어야 한다.
>
> **3) 입으로 시인하며 믿자**
>
> * 눈으로 보고 마음으로 믿은 바를 입으로 시인하자.
>
> **4) 행동으로 옮기면서 믿자**
>
> * 입으로 시인한 다음에는 행동이 따라야 한다.

7. 사도 바울이 생각하는 믿음

> 1) 감사가 있는 믿음(복음에 동참 ---〉 감사가 넘친다)
>
> 2) 눈물이 있는 믿음(흘린 눈물 ---〉 은혜를 전한다)
>
> 3) 거짓이 없는 믿음(복음이 충만한 믿음)
>
> 4) 아멘하는 믿음(주를 사랑하고 섬기는 믿음)

8. 믿음의 결과

> 1) 구원(救援, salvation)에 이르게 한다(구원은 하나님의 선물이다).
>
> 2) 불안한 마음에 평강을 얻게 하고, 두려운 마음에 용기를 얻게 한다.
>
> 3) 환란과 핍박을 유익되게 하고, 패배자를 승리하게 한다.
>
> 4) 하나님의 편을 택하게 한다.

믿음·소망·사랑에 대하여

1. 개념

> 1) **믿음** : 보이지 않는 것을 보듯이 확신하며, 이루어질 것을 기대하는 내면의 신뢰를 말한다.
> 2) **소망** : 현재를 넘어 미래에 대한 선한 기대를 품고 기대하는 마음.
> 3) **사랑** : 자신의 이익을 넘어 타인을 위한 헌신과 배려를 표현하는 가장 고귀한 덕목(德目)이다.

2. 이 세 가지는 왜 중요한가?

> **1) 믿음의 가치**
> * 믿음은 신앙생활의 출발이며 초석이다.
> * 우리는 주 예수를 믿음으로 구원을 얻는다.
> * 믿음으로 죄 사함을 받고, 의롭다 함을 얻어 하나님의 자녀가 된다.
> **2) 소망의 가치**
> * 소망은 우리에게 삶의 이유와 의미를 부여해 준다.
> * 소망은 우리가 고통을 이길 수 있는 인내를 낳게 해준다.
> * 기독교인의 소망은 땅의 것이 아니고 하늘의 것이다.
> **3) 사랑의 가치**
> * 사랑은 가장 큰 계명으로 율법의 완성이다.
> * 사랑은 하나님의 본질이며 하나님의 사랑은 십자가에서 확증되었다.
> * 하나님은 사랑을 주기 위해 그리고 사랑을 받기 위해 인간을 창조하셨다.
> * 사랑은 구원받은 성도들의 특권이요 신앙생활에 목표이다.

3. 이 세 가지의 상관관계(완전한 삼위일체 관계)

믿음 없이는 소망이 있을 수 없고, 소망이 없이는 믿음이 있을 수 없으며, 믿음으로 사랑을 체험하고, 사랑함으로 주님을 신뢰하며, 사랑 때문에 천국의 소망은 지속된다. 그러므로 믿음·소망·사랑 이 세 가지는 서로 끊어질 수 없는 완전 삼위일체다.

교회란 무엇인가?

1. 개념

1) 일반적으로 교회란 신자들이 예배 또는 미사 등의 종교적 의식을 진행할 수 있도록 세운 건물을 말한다.

2) 그러나 성경의 여러 규정들을 살펴보면 교회는 건물을 가리키는 것이 아니고 그 성격을 나타내는 것이 분명해 보이는 바,

3) 교회는 성령의 감화로 부름 받아 예수 그리스도를 구주로 믿고 구원받은 '성도들의 모임'이라고 보는 해석이 무난할 듯.

4) 구약에서는 교회라는 말로 나타나 있지는 않으나 그 성격으로 이스라엘의 '종교적 회중'(會衆)을 뜻한다(성막, 회막, 성전).

5) 신약에서는 교회가 오순절 성령강림으로 가시적으로 나타났고, 이후 교회는 성령의 인도하심을 따라 확장되었다.

2. 성경의 규정

1) 하나님의 피로 사신 것(행 20:28) - "하나님이 자기 피로 사신 교회를"

2) 하나님의 성전(고전 3:16) - "너희가 하나님의 성전인 것과"

4) 하나님의 집(딤전 3:15) - "하나님의 집에서 어떻게 행하여야 할지를"

5) 하나님의 교회(딤전 3:15) - "이 집은 살아 계신 하나님의 교회요"

6) 그리스도의 신부(엡 5:22~32) - "교회가 그리스도에게 하듯 ~ ~ ~"

7) 촛대(계 1:20) - "일곱별은 일곱 교회의 사자요, 일곱 촛대는 일곱 교회라"

8) 그리스도의 집(고전 3:10) - "지혜로운 건축자와 같이 어떻게 세울까"

9) 그리스도의 가지(요 15:1~11) - "나는 포도나무요 너희는 가지라"

10) 그리스도의 몸(롬 12:5) - "그리스도 안에서 한 몸이 되어"

3. 결론(무형 교회와 유형 교회의 공존)

교회에는 인간의 눈으로 볼 수 없는 무형 교회가 있고, 보이는 건물을 집회 처로 삼고 복음아래 부름 받은 성도가 모인 지상 교회가 있다.

교회의 사명은 무엇인가?

1. **하나님을 경배(敬拜) 하는 일** : 예배를 통하여 하나님께 영광을 돌리는 것
2. **복음을 전파하는 일** : 온 세상에 예수 그리스도의 복음을 전달하는 것
3. **사랑을 실천하는 일** : 이웃과 공동체 안에서 사랑을 나누고 섬기는 것
4. **영혼을 구원하는 일** : 모든 사역의 중심을 성도들의 영혼 구원에 두는 것
5. **기도 생활을 강화하는 일** : 개인과 공동체의 기도를 통해 하나님의 뜻을 추구
6. **하나님 나라를 확장하는 일** : 하나님의 통치와 정의를 세상에 전파하는 것
7. **고통 받는 자를 위로하는 일** : 상처 입은 자들과 아픔 속에 있는 자들을 돌봄
8. **전도와 선교를 강화하는 일** : 잃어버린 영혼을 찾고 구원하는 일을 강화함
9. **영(靈)적 싸움을 준비하는 일** : 악(惡)에 맞서 하나님의 전신갑주를 준비함
10. **구제(救濟)와 봉사(奉仕)에 힘쓰는 일** : 어려운 자들과 지역사회를 돕는 것
11. **사회정의(社會正義)를 실현하는 일** : 공의(公義)와 평화를 세우는 데 헌신함
12. **삶의 본보기를 제공하는 일** : 세상에 빛과 소금의 역할을 감당하는 것
13. **소명(召命)에 충실하는 일** : 사명을 깨닫고 충실히 수행하는 것
14. **다음 세대를 양육하는 일** : 어린이와 청소년에게 신앙을 전수하는 것
15. **종말적 소망(所望)을 공유하는 일** : 예수 그리스도의 재림과 새 땅, 새 하늘

그리스도인의 3가지 자질(資質)

1. 개념

> 1) 주(主) 안에서 소망을 가지고, 사랑을 가지고, 믿음을 가지고 살아가는 사람들이 참다운 그리스도인들이다.
>
> 2) 때문에 진정한 그리스도인 이라면 하나님을 소망하고, 하나님이 주신 사랑의 자본을 가지고 삶을 구현하며, 주님이 요구하신 진리와 사랑의 길을 걸어가야 함이 당연하다.

2. 그리스도인의 자질(성품, 소질)

> **1) 소망의 자질**
>
> 인간의 삶에는 소망의 자질이 있어야 한다. 소망은 삶의 원동력이고, 에너지이고, 목적이고, 뜻이고 힘이다. 하나님은 이 세상 누구든지 구원 받기를 원하신다. 우리는 그런 소망의 하나님, 희망의 하나님을 믿기에 이 세상의 미래도 믿으면서 살아간다. 모든 사람들이 다 절망하고 비관하고 멸망을 말해도 그리스도인은 희망을 말하고, 천국을 말하고, 부활을 말해야 한다.
>
> **2) 사랑의 자질**
>
> 소망은 미래적인 안목과 기대와 꿈을 줄뿐 현재의 삶 자체는 아니다. 그보다 더 중요한 것은 오늘을 살아가는 '사랑'이 있어야 한다. 그래서 사도 바울은 믿음도 소망도 중요하지만 사랑이 최고라고 했다. 천국은 미래이고 소망이다. 그런데 천국은 소망이나 희망만 가지고는 얻을 수 없다. 미래의 천국에 가려면 먼저 사랑의 삶이 필요하다. 사랑이 있는 곳에 변화가 일어나고, 일치가 일어나고, 하나가 이루어지고 연합이 이루어진다.
>
> **3) 믿음의 자질**
>
> 신앙은 절대적 기준을 신뢰하고 믿는 생활이다. 그 절대적 믿음의 기준이 하나님이고 예수님이다. 우리는 그 절대적 기준이 되시는 하나님을 믿고 주님을 믿고 생명을 다하고 정성을 다해서 섬겨야 한다. 그리스도인에게 믿음의 자질이 필요한 이유가 여기에 있다.

기독교의 세계관은 무엇인가?

1. 개념

1) 세계관(世界觀, world view)이란 세상의 기본체계와 그 돌아가는 방식에 대해 우리가 의식적, 무의식적 신념 안에서 가진 일련의 가정들이다.

2) 그러므로 기독교 세계관이란 그리스도인이 성경을 통해 이 세계를 바라보는 관점을 뜻하는 것이다.

3) 기독교 세계관이 중요한 이유는 이 세계가 그리스도인들의 삶과 활동의 무대이고, 기독교 세계관의 실천은 그리스도인들의 사명이기 때문이다.

2. 기독교 세계관의 핵심 내용

1) 우주는 궁극적으로 인격적이며 관계적이다.

2) 우주는 이해할 수 있도록 설계되었다.

3) 우주는 아름답고 도덕적이다. 그리고 노동은 신성하다.

4) 인간의 생명은 신성하다. 또한 모든 민족과 나라는 동일한 가치를 가진다.

5) 인간은 창조세계에 대한 청지기이며 세상을 지배한다.

6) 하나님은 역사 속에서 자신의 목적을 이루어 가시기 위해 일하신다.

3. 기독교 세계관의 기본 구조

1) **창조** : 기독교 세계관은 하나님께서 이 세계를 창조하셨다는 사실을 받아들임으로 시작된다.

2) **타락** : 창세기 3장의 역사성을 받아들이면서 인간성 전반의 타락을 인정한다. 즉 인간의 역사적 타락을 믿는다.

3) **구속(救贖)** : 예수님의 삶과 죽음과 부활, 승천은 구속을 이루는 메시야적 사역의 중요한 부분이다.

4) **완성(회복)** : 예수 그리스도의 재림 및 부활과 심판

기독교 신앙과 삶에 영향을 주는 명언(1)

1. 신앙은 보이지 않는 것을 믿는 것이다. - 아우구수티누스 -
2. 성경은 보호와 교정, 방향을 가르쳐 주는 신호등이다. - 헬렌켈러 -
3. 가장 위대한 기도는 '주님의 뜻이 이루어지기를' 이다. -테레사 수녀 -
4. 믿음은 보이지 않는 것을 보는 눈, 들리지 않는 것을 듣는 귀이다.
                                              - 아우구수티누스 -
5. 하나님께서 우리를 도우실 때, 모든 것이 가능하다. - 마태복음 19:26 -
6. 진정한 겸손은 자신을 낮추고 하나님을 높이는 것이다. - 앤드류 머리 -
7. 하나님은 가득 채운 손보다 깨끗한 손을 살피신다. - 리베리우스 -
8. 성경은 선택사항이 아니다. 그것은 필수품이다. - 빌리 그레이엄 -
9. 주님 안에 거하면 당신의 마음은 평안하고, 길은 곧게 펼쳐진다.
                                              - 시편 37:4~5 -
10. 고난은 하나님의 손길이 우리를 빚어가는 과정이다. - 찰스 스펄전 -
11. 사랑은 두려움을 내쫓는다. - 요한일서 9:18 -
12. 우리의 삶은 하나님의 도구이며, 그분의 영광을 위한 그림이다.
                                              - 존 파이퍼
13. 하나님의 섭리에 대한 복종은 우리를 자유케 한다. - 톨스토이 -
14. 하나님을 아는 것이 최상의 행복이다.   - 리베리우스 -
15. 우리에게 삶을 위한 공식이나 안내 책자는 없다. 오직 예수님만 있을 뿐
    이다.   - 댄 바우만 -
16. 그리스도를 닮는 것이 그리스도인이 되는 길이다. - 웰리엄펜 -
17. 하늘나라를 사랑하는 자는 하늘의 성품을 닮는다. - 세익스피어 -
18. 거룩함이란 하나님과 사귐에서 오는 유쾌한 속성이다. - 어거스틴 -
19. 성경에 밑줄을 긋는 것도 좋지만, 성경이 당신 위에 밑줄을 긋게 하라.
                                              - 헬렌켈러 -
20. 죄의 인지는 구원의 시작이다.   - 마르틴 루터 -

기독교 신앙과 삶에 영향을 주는 명언(2)

21. 사람의 진실한 가치는 하나님과 얼마나 비슷한 가에 있다. -튜니어 -

22. 성경을 안내서로 삼는 이들은 결코 방향 감각을 잃지 않는다. - 헬렌켈러 -

23. 당신의 회개가 늦어질수록 하나님의 용서도 그만큼 늦어진다.

　　　　　　　　　　　　　　　　　　　　　- 위리엄세커 -

24. 기도는 잠시의 망설임도 없이, '저는 인간이고 당신은 하나님이십니다'
라는 고백이다.　　　　　　　　　　　　　　　　- 필립얀시 -

25. 성공하려면 열망하고, 영감을 얻고, 땀을 흘려라. - 디스헬리 -

26. 교만이란 밭에서 모든 죄의 잡초가 자라난다. - 바클레이 -

27. 인생은 겸손을 배우는 긴 과목이다. - 제임스 매튜 배리 경 -

28. 위대한 인물이 겪는 첫 번째 시험은 겸손의 시험이다. - 러스킨 -

29. 더 나은 차원의 삶으로 향하는 길은 언제나 오르막이다. - 존 맥스웰 -

30. 하나님은 가장 어려운 순간에 가장 큰 기적을 준비 하신다.

　　　　　　　　　　　　　　　　　　　　- 아드리안 로저스 -

31. 당신의 삶이 성경 한 권이 되어 누군가에게 읽히길 바란다.

　　　　　　　　　　　　　　　　　　　조지프 애디슨 -

32. 용서는 약한 자의 힘이 아니라, 강한 자의 힘이다. - 코리 텐붐 -

33. 모든 것을 하나님께 맡길 때 비로소 진정한 자유를 누린다. - 프랜시스 챈

34. 우리는 빛의 자녀이기에 어둠 속에서도 빛을 발해야 한다. - 에베소서 5:8-

35. 당신이 보지 못하는 길을 하나님은 이미 준비하고 계신다. - 이사야 43:19

36. 예수님은 당신의 손이 닿을 수 없는 것을 이루신다. - 헨리 나무웬 -

37. 기도는 하늘의 문을 여는 열쇠이다. - 마틴 루터 -

38. 우리가 하나님을 붙잡기 전에 하나님은 우리를 붙드신다.

　　　　　　　　　　　　　　　　　　　- 다이트리히 본회퍼 -

39. 십자가는 하나님의 사랑과 정의가 만나는 장소이다. - 존 스토트 -

40. 지혜 없는 열심은 어둠 속을 달음질치는 것과 같다. - 스튜어트 -

기독교 신앙과 삶에 영향을 주는 명언(3)

41. 아내는 제일 가까운 이웃이므로 제일 큰 사랑을 받아야 한다.
   - 마르틴 루터 -

42. 소망이란 바라는 것이 일어나기를 원하는 것이요, 믿음은 바라는 것이 일어날 줄을 믿는 것이다.   - 빈센트 필 -

43. 감사하는 자에게 하나님은 베푸시고, 다른 속박을 풀어주신다.
   - R. 크릴리 -

44. 감사는 예의 중에 가장 아름다운 형태이다 .   - J. 마르뎅 -

45. 인류의 첫 번째 범죄는 고마움 결핍에서 비롯된 것이다. - 쉐퍼 -

46. 용서는 과거를 바꿔주지는 않지만 미래를 확장시킨다.
   - 폴 루이스 보우스 -

47. 용서는 죄인이 다름 아닌 자기 자신이었다는 것을 깨닫게 해준다.
   -루이스 스머즈 -

48. 죄를 책망하는 것은 잔인한 행위가 아니라, 구원으로 이끄는 친절한 행위다.   - 윌 메츠커 -

49. 인간이 범하는 가장 큰 죄는 감사할 줄 모르는 것이다. - 세르반 -

50. 우리가 어둠의 깊은 골짜기를 지날 때, 비로소 신앙의 본질을 발견하게 된다.   - 찰스 스탠리 -

51. 감사를 드리는 것은 좋은 것이다. 하지만 감사하는 삶은 더 좋은 것이다.
   - 매튜 헨리 -

52. 우리가 가진 복을 더 많이 헤아려 볼수록 갖지 못한 사치품들에 대한 갈망은 줄어든다.   - 윌리엄 아더 워드 -

53. 기다림의 기도란 그리스도가 우리 안에서 기도하고 계심을 믿고 가만히 있는 것이다.   - 수 몽크 각드 -

54. 교만은 일종의 자기기만이다. 우리가 자신을 속일 때, 진리를 보는 것이 불가능하다. -   더글라스 웹스터 -

기도 (祈禱)란 무엇인가?

1. 기도의 뜻

1) **교제의 도구** : 하나님과 친밀한 관계를 맺고 대화하는 행위

2) **감사의 표현** : 받은 은혜와 축복에 대해 감사하는 마음을 전하는 수단

3) **간구(懇求)의 통로** : 필요한 소망을 하나님께 아뢰는 요청의 방식

4) **평안의 원천** : 불안과 염려를 맡기며 마음의 평화를 얻는 시간

5) **삶의 방향 제시** : 하나님의 인도하심을 구하고, 올바른 길을 찾는 도구

6) **죄의 고백** : 잘못과 연약함을 인정하고 용서를 구하는 기회

7) **찬양과 경배** : 거룩하신 하나님께 경외심을 표현하는 예배의 한 형태

2. 올바른 기도(하나님께서 들으시는 기도)

1) **믿음으로 (마 21:22)**

"너희가 기도할 때에 무엇이든지 믿고 구하는 것은 다 받으리라."

2) **하나님의 뜻대로 (요일 5:14)**

"그의 뜻대로 무엇을 구하면 들으심이라."

3) **그리스도의 이름으로 (요 14:14)**

"내 이름으로 무엇이든지 내게 구하면 내가 행하리라."

4) **참 마음으로 (시 66:18 ; 마 6:5~6)**

"너희는 기도할 때에 외식하는 자와 같이 하지 말라."

5) **간절히 (마 7:7~11)**

"구하라, 찾으라, 문을 두드리라."

6) **계속하여 (엡 6:18)**

"항상 기도하고, 구하기를 항상 힘쓰며"

주기도문에 대하여(개신교)

1. 개념

1) 예수님이 직접 가르쳐 주신 기도이다.

2) 주로(개신교)주기도문으로 알려져 있다.

3) 예수님께서 기도의 모본(模本, pattern)을 가르쳐 주시고 있다.

4) 기도의 내용(what)이 아닌 방법(how)을 가르쳐 주신다.

5) 신앙인들이 평생 기도하며 살아야 할 삶의 핵심 가치를 예수님께서 기도문에 담아 가르쳐 주신 것이다.

6) 하나님의 이름을 높이는 기도다(기도의 초점은 철저히 '하나님'께 맞춰짐)

7) 나라를 위한 기도다.

8) 일부 교회에서는 '주기도송'을 부르고 축도로 예배를 마친다.

2. 주기도문의 내용

하늘에 계신 우리 아버지.

아버지의 이름을 거룩하게 하시며

아버지의 나라가 오게 하시며

아버지의 뜻이 하늘에서와 같이

땅에서도 이루어지게 하소서.

오늘 우리에게 일용할 양식을 주시고,

우리가 우리에게 잘못한 사람을 용서하여 준 것 같이

우리 죄를 용서하여 주시고,

우리를 시험에 빠지지 않게 하시고

악에서 구하소서

나라와 권능과 영광이

영원히 아버지의 것입니다. 아멘.

사도신경에 대하여

1. 사도신경이란?

1) 그리스도 교도가 믿어야 할 기본적인 가르침을 간결하게 요약한 신앙 고백문으로, 서방 교회의 주요 그리스도 교파가 사용하고 있다.
2) 내용은 하나님, 그리스도, 성령, 인간, 영생, 부활 등을 강조하고 있다.
3) 로마교회에서 세례를 받을 때 사용하던 신앙 고백문이 기초가 되었다.
4) 어떤 증거나 설명도 없이 간단하고도 긍정적이며 기독교 신앙을 가장 절실하게 고백하고 있다.

2. 사도신경의 내용

전능하사 천지를 만드신 하나님 아버지를 내가 믿사오며,

그 외아들 우리 주 예수 그리스도를 믿사오니,

이는 성령으로 잉태하사 동정녀 마리아에게 나시고,

본디오 빌라도에게 고난을 받으사, 십자가에 못 박혀 죽으시고,

장사한지 사흘 만에 죽은 자 가운데서 다시 살아나시며,

하늘에 오르사, 전능하신 하나님 우편에 앉아 계시다가,

거기로부터 산 자와 죽은 자를 심판하러 오시리라.

성령을 믿사오며,

거룩한 공회와 성도가 서로 교통하는 것과,

죄를 사하여 주시는 것과, 몸이 다시 사는 것과,

영원히 사는 것을 믿사옵니다. 아멘.

구원(救援)이란 무엇인가?

1. 개념

> 1) 구원이란 죄와 고통, 죽음 등 인간의 한계와 악으로부터 해방되어, 참된 생명과 평화, 영원한 행복을 얻는 것을 의미한다.
> 2) 기독교에서 구원은 하나님의 은혜와 사랑을 통해 예수 그리스도의 희생으로 이루어진다고 믿으며, 이는 인간이 하나님과의 올바른 관계를 회복하고 영생에 이르는 길로 이해된다.

1) 신학에서 쓰이는 용어로서는 주로 다음과 같이 이해할 수 있다.
  * 하나님의 자녀가 되는 것
  * 죄에서 자유롭게 되는 것
  * 그리스도를 믿는 믿음으로 새롭게 태어나는 것
2) 구원의 교리가 가장 뚜렷하게 나타나는 종교는 그리스도교로, 하나님이 역사 속에서 예수 그리스도의 삶과 죽음과 부활을 통하여 인류를 죄와 죽음에서 구해내는 행위를 뜻한다.

2. 구원의 9가지 단계

> 1) 소명(召命) : 구원으로 부르심
> 2) 회심(回心) : 회개와 신앙, 영적인 방향 전환(회개가 필요함)
> 3) 믿음(信, faith) : 믿는 마음, 신앙, 받아들이는 것, 맡기는 것
> 4) 중생(重生) : 거듭 남, 다시 태어남
> 5) 칭의(稱義) : 의롭다고 불러주심
> 6) 양자(養子) 삼으심 : 마귀의 자녀로부터 하나님의 자녀로
> 7) 성화(聖化) : 성화의 시작
> 8) 성화의 견인(堅忍) : 성화의 계속
> 9) 영화(靈化) : 천국에서 완성되는 미래의 일

구원받지 못한 이방인(異邦人)들의 특징

1. 개념

1) 성경은 구원받지 못한 이방인을 하나님과 멀리 떨어져 있고, 영적으로 죽은 상태에 있는 자들로 묘사하고 있다.

2) 구원받지 못한 이방인의 특징은 성경에서 주로 하나님과의 관계, 영적 상태, 그리고 도덕적 행동을 중심으로 규정하고 있는 바, 그 일반적인 특징은 다음과 같다.

2. 구원받지 못한 이방인들의 특징 8가지

1) 이방인들은 참으로 의미 있고 가치 있는 것을 알지 못하고, 허망하고 허무한 것을 생각하고 있다.

2) 이방인들은 총명이 어두워져 있다. 이방인들은 육신적인 일이나 물질적인 일에는 지혜가 있을지 모르나, 인생이 참으로 알아야 할 바 하나님과 죄와 구원에 대한 깨달음이 없다.

3) 이방인들은 무지함 가운데 있다. 창조주 하나님도 모르고, 인간의 목적도, 참된 도덕 원리도 모르고 있다.

4) 이방인들은 마음이 굳어져 있다. 그들은 자기 생각대로만 살며 하나님의 진리를 진지하게 찾지 않는다.

5) 이방인들은 하나님의 생명에서 떠나 있다. 그들은 영원히 죽을 수밖에 없는 자들이며 영생의 길을 알지 못하는 자들이다.

6) 이방인들은 감각 없는 자가 되었다. 그들은 옳고 그름과 선과 악을 분별하고 판단하는 도덕적 감각이 없다.

7) 이방인들은 자신들을 방탕에 방임하고 있다. 부도덕한 인간의 죄악들 중 첫째는 음란이다. 인간은 음란하고 방탕하다.

8) 이방인들은 모든 더러운 것(온갖 죄악들)을 욕심으로 행하고 있다. 죄악된 세상은 정신적, 육체적 상처들로 얼룩져 있다.

아담에 대하여

(창조된 인류 최초의 인간(Man), 붉은 흙이라는 뜻)

1. 하나님의 창조물 (1만년~1.5만 년 전 추정)	1) 흙으로 지음 받음 2) 하나님의 형상대로 창조됨 3) 하나님이 생기를 코에 불어 넣어 생령이 됨 4) 여자보다 먼저 창조된 자 5) 여자는 아담의 갈빗대 하나로 만드셨다
2. 인류의 조상 (창조된 최초의 인간)	1) 산 영(靈)이다 2) 죄를 짓지 아니한 거룩한 상태 3) 의무를 부여 받은 자 4) 인류를 대표한 자, 에덴에서 생활한 자 5) 금령을 받은 자, 처음 가정을 이룬 자 6) 오실 메시야의 표상
3. 죄를 지은 자 (자유의지 –〉, 죄를 선택)	1) 사탄의 유혹을 받음 -〉 하나님의 명령을 어김 2) 하나님의 주권에 반항, 범죄 함 3) 눈이 밝아짐, 벗은 것을 앎 4) 무화과나무 잎으로 앞을 가림(치마) 5) 동산 나무 사이에 숨었음 6) 죄를 전가한 자, 새 언약을 받게 됨 7) 땅이 저주를 받게 됨 8) 땀 흘려 일해야 먹고 살게 됨 9) 흙으로 돌아감 -〉 하나님과의 교제가 끊김 10) 에덴에서 쫓겨남
4. 인적 관계, 성품	1) 인류의 시조, 하와의 남편, 죄인(罪人) 2) 가인과 아벨, 셋의 아버지 3) 세상에 죄가 들어옴으로 구원이 필요함 4) 하와의 권유로 선악과를 먹은 유약한 성품

아브라함에 대하여

1. 개념
 1) 아브라함 = '열국의 아버지' (BC 2000년경의 사람)
 2) 아담, 노아, 아브라함 중 성경에서 가장 많이 언급되는 인물
 3) 유대교, 그리스도교, 이슬람교 등에서 모두 존경 받는 인물
 4) 노아의 12대손, 75세 때 하나님의 부르심을 받음

2. 아브라함의 신앙
 1) 전지전능하신, 불변하신, 지극히 높으신, 창조주이시고, 지배하시는 하나님을 믿었다.
 2) 의로우신 심판 주, 약속의 하나님이신 그분을 믿고 따랐다.

3. 그의 생활에서의 특성
 1) 순종생활, 관대한 생활, 부유한 생활, 불의와는 타협하지 않는 생활
 2) 드리는 생활, 기도하는 생활, 믿음으로 사는 삶
 3) 행함으로 믿음을 보이는 생활, 욕심이 없는 생활
 4) 미래를 바라보는 생활, 아내의 말을 따름

4. 아브라함의 호칭
 1) 아브람, 하나님의 벗, 주의 종, 선지자,
 2) 많은 무리의 아버지

5. 그리스도인들에게 주는 교훈
 1) 믿음의 조상
 2) 성도가 안길 아브라함의 품
 3) 성도가 그의 신앙을 본 받게 됨

6. 그리스도와의 관계
 1) 그리스도의 때를 미리 앎
 2) 그리스도가 통치하는 하나님의 나라를 바라봄

모세에 대하여 (1)

1. 모세의 일생

1) BC 1391년(2025년 기준 3416년 전), 이집트에서 태어나 왕실에서 40년을 살았다.

2) 레위 족속, 아므람과 요게벳이 낳은 둘째 아들, 형은 아론

3) 40세 때 이집트인을 죽이고 미디안으로 도망가 살다가, 80세가 되던 해에 이집트로 돌아옴. 그 후에 이집트 왕 '파라오'에 대항하여 이스라엘 백성 200~250만 명을 탈출시킴.

4) 십보라와 결혼하여 두 아들을 둠.

5) 가나안 땅을 빼앗기 위해 준비하였으나, 가나안 입성을 시행하지 못하고 모압에서 120세의 나이로 죽었다.

6) 모세는 스스로 하나님의 명을 대행하는 심부름꾼을 자처한 바, 그것은 곧 선지자의 역할이었다.

7) 구약성경(성경의 75%에 해당)에서 하나님 다음으로 많이 등장한다.

2. 모세의 치적

1) 모세 오경(창세기, 출애굽기, 레위기, 민수기, 신명기)과 시편 90편을 기록함.

2) 이스라엘의 전 역사에서 가장 중요한 인물, 이스라엘 민족을 이집트의 종살이로부터 탈출시켰고, 이후 광야에서 방랑생활을 하는 동안 그들을 이끌었으며 시나이 산에서 하나님으로부터 율법을 받았다.

3) 모세는 당시에 최고의 문명을 구가하던 이집트에서 왕녀의 양자로 자라며, 최고의 교육과 훈련을 받았을 것이다. 그 결과 종교 지도자로써 선지자로써 이스라엘 민족을 사막에서 단련시켜 이스라엘 왕국을 건설해 내는 기초를 다질 수 있었을 것이다.

4) 인간으로서 유일하게 하나님과 마주 앉아 대화를 했다.

5) 이슬람교 등 중동 지역의 여타 종교에서도 중요하게 인식되는 인물이다.

6) 미국의 초대 대통령인 조지 워싱턴이 죽자 미국인들은 그를 '아메리카의 모세'라고 불렀다. 그 정도로 모세는 미국으로 떠난 청교도 이민자들에게도 많은 영향력을 발휘했다.

모세에 대하여 (2)

3. 모세의 장점

  1) 동족을 사랑했다. 믿음이 강했다. 겸손했다. 성실했다. 존경을 받았다.
  2) 논리적이었다. 능변가가 되었다. 하나님의 뜻에 따랐다.

4. 모세와 하나님의 관계

  1) 모세가 하나님을 처음 만난 곳은 시나이 산에서 잡목 숲의 불꽃형상으로 나타나 만난 것으로 성경에 기록되어 있다.
  2) 모세는 하나님의 신뢰와 굳건한 신앙심 때문에 힘으로 통치하는 왕이나 대왕들을 능가하는 지도자가 될 수 있었다.
  3) 모세가 살던 시대는 지금부터 약 3500년 전으로, 한반도를 포함하여 석기 시대에서 청동기 시대를 거치는 시기로서 국가나 왕국도 거의 존재하지 않고, 문자나 기록이 활성화되지 못했던 시대였다.
  4) 모세는 자신이 습득한 방식대로 이스라엘 민족을 단합시킬 율법을 만들어 내고 기록하여 후손에게 계승하려 했으며, 백성들에게 하나님의 율법을 지키도록 엄포를 놓기도 했다.

5. 모세에 대한 부정적 평가

  1) 하나님의 명령을 앞세워 타 민족들에게 잔혹하였고, 무자비 하였다.
  2) 황소 우상을 만들었다고 주동세력 약 3,000여 명을 베어 죽였다.
  3) 하나님의 명령에는 한없이 순종적이었으나, 이끄는 백성들에게는 때때로 잔혹한 모습을 보였다.

6. 모세와 이스라엘 민족

  1) 모세는 이스라엘 12지파 중에서 '르비아' 부족에 속한 자손이다.
  2) 그러나 모세는 자신의 두 아들이나 르비아 부족 출신을 우대하지 않고 오로지 하나님에게 충성하는 세력을 굳건히 하는데 관심을 기울였다.

7. 모세는 실존 인물인가?

  3500년 전 설화와 전설이 난무하던 시대에 모세가 과연 실존 인물인지의 여부를 증명하거나 진실을 가리려고 하는 시도는 그 자체가 무의미 하다고 생각된다.

노아에 대하여

1. 개념

1) 구약 성서에서 등장하는 인물 ('노아의 홍수' 등)

2) 아담의 8대 손 (창 5:29) "이름을 '노아'라 하여 이르되 ~~ "

3) 대홍수 때 방주(方舟)를 만들어 자신의 가족과 동물 암수 한 쌍 씩을 배에 태우고 생존했다는 이야기로 알려졌다.

4) 노아의 방주 이야기는 천지창조와 마찬가지로 성경과 코란 속의 신화다. 즉 노아의 방주를 기록한 사가(史家)들도 이 사건이 정말로 역사적으로 일어났던 사실이라서 쓴 것이 아니라, 인간의 오만함을 경고하고 야훼에 대한 순명(順命)과 겸손을 상기시키기 위해서 기록했음을 인정하고 있음이다.

2. 관련 기사

1) 노아는 당대의 의인(義人)이었다.

* 창 6:8 -- "그러나 노아는 여호와께 은혜를 입었더라."

* 창 6:9 -- "노아는 의인이요 당대에 완전한 자라, 하나님과 동행"

* 창 6:13 -- "하나님이 노아에게 이르시되 …"

* 창 6:14 -- "너는 너를 위하여 방주를 만들되 …"

* 기타 창세기 6:15-22 에서 9:29까지 -- 노아의 홍수 관련 기사

2) 600 세 되던 해에, 방주에 들어갔고 그 이후 40 주야 비가 내렸다.

3) 하나님은 다시는 인간을 홍수로 멸하지 않겠다는 약속의 증표로, 무지개로 언약하셨다.

4) 노아는 홍수 이후 350 년을 더 살았고, 950 세에 죽었다.

솔로몬에 대하여

1. 인적 관계 일반

1) 다윗 왕의 아들(예루살렘에서 출생)

2) 다윗은 자기 생애에 너무나 파란곡절이 많았기 때문에 그 아들 솔로몬의 치세에는 평안할 것을 기원하여 '솔로몬'이라 작명을 하였다.

3) 21세에 이스라엘 3대 왕이 되어 40년 동안 통치함.

4) 하나님께 지혜를 구함 ― '지혜로운 재판' ― 솔로몬의 명성

5) 이스라엘의 가장 위대한 왕으로 간주됨.

2. 솔로몬의 장점

1) 지혜가 뛰어나고, 저술을 많이 했다

2) 명철(明哲)했다

3) 허무를 깨달음(전도서)

3. 솔로몬의 단점

1) 이방인과 결혼하고, 처첩(妻妾)을 많이 둠(아내 700명, 첩 300명)

2) 사치한 생활을 했다

3) 우상을 숭배함

4) 백성을 노예화 하였다

4. 성경을 기록

1) 시편(詩篇) 일부

2) 잠언(箴言)

3) 전도서(*자서전적인 솔로몬의 고백록)

4) 아가(雅歌)

5. 솔로몬이 하나님께 구한 지혜 –〉 '듣는 마음'

1) 수직적인 들음 : 귀로 듣고, 마음으로 경청하여 삶으로 순종하는 것.

2) 수평적인 들음 : 사람들의 소리, 상대방의 말을 주의 깊게 듣는 것.

사도 바울은 누구인가?

1. 출생과 교육

1) 바울은 유대인 이었으나 팔레스틴 출신은 아니었다.

2) 가말리엘 문하에서 율법의 엄한 교육을 받음.

2. 성격 및 외모

1) 논리의 힘과 종교적 능력의 결합, 즉 이성과 영력이 일치된 사람

2) 사람처럼 보이면서도 때때로 천사의 얼굴을 가진 사람

3) 태어나면서부터 로마의 시민권을 가졌다

4) 평범한 유대인 가정보다는 약간의 기득권을 누린 가정의 출신

3. 인물, 활동

1) 지중해 연안에서 많은 박해를 받으면서 선교함.

2) 그리스도의 복음 진리에 확신을 가지고 30여 년간 선교사 활동을 함.

3) 건강이 좋지 못했고, 용모도 보잘 것 없었음.

4) 그는 예수의 12 제자 출신도 아닌 사람으로 부활하신 예수로부터 이방인의 사도로 임명되었다.

4. 사상

1) 바울의 선교중심 사상은 십자가의 그리스도였다.

2) 그리스도와 함께 죽고, 그리스도와 함께 사는 은혜를 전파하였다.

3) 오직 믿음으로써만 구원을 얻는다고 주장함 .

4) 루터와 칼빈의 종교개혁 사상도 바울 '로마서'의 이신칭의(以信稱義)에서 비롯된다.

5. 기록한 성경

1) 사도 바울은 성경책의 저자 40 여명 가운데 가장 많은 책을 저술했다.

2) 성경 66권 중 최소한 13권이 바울이 쓴 책이다.

3) 오늘날 기독교가 세계적 종교가 되는데 있어 최고 공로자 중의 한 사람이 사도 바울이라는 점에 이의를 제기할 사람은 아무도 없다.

사도 바울이 저술한 13권의 성경책

책 이름	기록 연대	기록 목적
1. 로마서	AD 57	* 오직 믿음으로 의롭다 함을 받음 * 교리서신(教理書信)
2. 고린도전서	AD 55	* 고린도 교회의 문제점 해결 * 거짓 교사들의 헛된 교훈 척결
3. 고린도후서	AD 56	* 바울이 자신의 사도 신분을 변호함 * 예루살렘 교회의 구제를 호소
4. 갈라디아서	AD 53	* 율법이 아니라 믿음으로 의롭게 됨 * 율법으로부터의 해방을 주장함
5. 에베소서	AD 62	* 그리스도의 몸 된 교회의 참 모습 설명 * 유대인과 이방인 간의 분열을 차단
6. 빌립보서	AD 62~63	* 그리스도 안에서 성도의 일치와 기쁨 * 바울이 로마의 옥중에서 쓴 편지
7. 골로새서	AD 62	* 그리스도의 우월성과 충족성 제시 * 하나님의 아들, 만물의 중심(으뜸)
8. 데살로니가전서	AD 51	* 그리스도의 재림과 성도의 부활 설명 * 환난 중의 믿음의 형제들을 격려
9. 데살로니가후서	AD 52	* 주의 날(그리스도의 재림)을 소망함 * 일상생활의 성실함과 성결한 삶 당부
10 디모데전서	AD 63~65	* 디모데에게 실제적 목회 지침을 제시 * 교회 지도자의 올바른 자세를 강조함
11. 디모데후서	AD 67	* 성도의 인내와 경건한 생활을 갈망함
12. 디도서	AD 64~65	* 일종의 '목회 서신'임
13. 빌레몬서	AD 61~63	* 용서와 사랑의 도를 가르침

구약성경 핵심 요약

1. 믿음으로 의롭게 된 아브라함과 그 후손들

바울이 쓴 로마서나 갈라디아서를 보면 온통 아브라함 이야기뿐이다. 아브라함이 믿음으로 의롭게 되었다는 말씀이다(로마서 4장)

베드로 역시 이방인들을 향해 믿음으로 의롭게 되었으며 다른 어떤 것도 더 추가할 것이 없음을 천명하고 있다(베드로전서 1장). 즉 아브라함의 믿음이나 이방인들이 받아들인 믿음이 우리를 의롭게 한다는 측면은 항상 동일하다는 견해이다.

2. 아담의 원죄

죄의 기원을 다룰 때 항상 아담의 이야기가 나온다.

아담을 통해 죄가 세상에 들어왔고, 그 결과 죽음이 이르렀다는 것이다.

이 사실 역시 유대인이나 이방인 모두에게 적용되는 사실이다.

3. 율법

율법은 이방인들(특히 예수님을 믿기 전의)을 정죄하는 역할로 사용된다.

때문에 로마서 등에서는 매우 부정적으로 표현하는 경우도 있다.

반면 구약 성도들인 유태인들에게는 매우 긍정적으로 사용되고 있다.

율법은 구약 성도들의 성화에 있어서 영생의 기준이 된다.

율법을 떠난 자들은 곧 성화를 추구하지 않는 자들로 정죄를 받는다.

4. 성전과 제사의식

구약은 장차 오실 메시야의 그림자 혹은 모형으로 존재하는 것들이다.

그러나 모형과 그림자이지만 그리스도를 가리키고 있기에 신약과 동일한 가치가 있는 것이다. 죄사함과 은혜를 나누기에 부족함이 없는 것이다.

결국 구약을 요약해보면, '레위기'처럼 의롭게 됨과 정결함을 유지하는 것으로 채워진다. '신약'의 표현으로는 칭의와 성화를 위한 구별된 삶이 보인다.

메시야 (messiah)에 대하여

1. 개념

　1) 메시야는 원래 히브리어에서 유래한 단어로 '기름부음을 받은 자'라는 뜻이다. 메시야에 해당하는 헬라어는 그리스도이다.
　2) 구세주(救世主, 세상을 구하는 주인)와 같은 뜻.
　3) 구약성경에서는 초인간적 예지를 가지고 이스라엘을 통치하는 왕, 제사장들, 선지자들, 족장들, 이방의 왕, 민족의 구원자에게 사용하고 있다.
　4) 신약성경에서는 '예수 그리스도'를 이르는 말이다.
　5) 다양한 종교와 문화에서 메시야에 대한 해석과 기대는 다르지만, 공통적으로는 더 나은 세상을 향한 인간의 갈망과 신앙을 반영하는 개념이다.

2. 예수의 메시야적 사명

　1) 오늘날 교회 지도자들뿐만 아니라 종교지도자와 사회 지도자들에게 사명자가 갖추어야 할 덕목(德目)을 잘 보여주고 있다.
　2) 예수께서 '5병 2어'로 광야에서 5천명이 식사를 하는 기적을 베풀자 군중들은 예수를 왕으로 옹립하려고 하였다. 그러나 예수는 군중들의 인기에 연연하여 왕이 되려고 하시지 않았다.
　3) 예수 그리스도는 오직 고난 받는 종으로서의 메시야적 사명에 충실하시어 어제나 오늘이나 영원토록 동일한 구세주로 존재하시는 것이다.

3. 그리스도께서 메시야 되심의 증거

　1) 예언대로 오신 이, 여인의 후손, 동정녀 탄생(창 3:15)
　2) 하나님이 증거하셨다(마 3:17) "하늘로부터 소리가 있어 말씀하시되"
　3) 죽음과 부활승천(롬 4:25; 요 14:3) "우리가 범죄 한 것 때문에 내줌이 되고"

율법과 복음의 비교

〈언약〉 〈구분〉	율법(律法) * 옛 언약(구약성경)	복음(福音) * 새 언약(신약성경)
방법	돌판에 새김	마음판에 새김
형태	불완전함	완전함
	모형과 그림자	새로운 피조물. 참 형상
언어	히브리어	헬라어
중개	모세를 통하여 주심	예수를 통하여 주심
대상	유대인에게	모든 인간에게
관계	하나님의 종으로 살게 함	하나님의 자녀로 살게 함
기간	세례 요한의 때까지	하나님의 날까지
구분	죄와 사망의 법	생명과 성령(聖靈)의 법
역할	죄를 깨닫게 함	죄를 사면하게 함
	몽학(蒙學)선생	장성한 자
	공의(公義)를 보여줌	사랑을 보여줌
제례	의문과 정죄의 직분	영과 의의 직분
	건물이 성전임	몸이 성전임
	짐승의 피로 대대로 속죄함	예수의 피로 단번에 속죄함
	예물을 드려 제사함	마음으로 예배함
	절기를 대대로 지키게 함	절기를 폐함
	안식일(安息日)을 지킴	주일을 지킴
규범	십계명 준수	새 계명(誡命) 제시
	할례 받아야 함	세례 받아야 함
	가계(家系)계승 혼인제도	일부일처(一夫一妻) 제도
	이혼과 재혼 가능함	이혼과 재혼을 거부함
	음식물 제한 시행	음식물 제한 없음
	동해보복법을 지킴	동해보복법을 철폐함
생활	율법의 행위를 요구함	믿음을 요구함
	육신(肉身)의 일과 생각	영(靈)의 일과 생각
	구원의 확신이 없음	구원의 확신이 있음
	자기 의를 세움	하나님의 의가 드러남
	"행하라" 명령하심	다 이루었다" 말씀하심

율법에 대한 우리의 태도

1. 개념

〈율법을 바라보는 사람들의 태도에는 다음과 같은 3 가지 유형이 있다〉

1) 율법주의자 : 율법을 통해서만 의롭게 되고 거룩하게 될 수 있다는 견해.

2) 율법폐지론자 : 우리는 은혜로 구원을 받기 때문에 굳이 율법이 필요 없다는 이러한 주장은 성도들을 방탕한 삶으로 이끌며, 성도의 거룩을 원하시는 하나님의 뜻에 위배되는 주장이다.

3) 기독교의 율법관 : 우리가 은혜로 구원을 받았지만, 율법은 여전히 하나님의 뜻을 가르쳐 주는 선한 것이라는 견해이다.

2. 기독교의 올바른 율법관(율법과 복음의 관계)

1) 하나님은 옛 언약(구약)에서 인간에게 구원의 필요성을 자각하게 하기 위하여 선과 악의 기준을 제시하는 율법을 주로 강조하셨다.

2) 예수 그리스도께서는 새 언약(신약)에서 구원의 조건에 필요한 죄 값을 우리를 위해 당신이 치르셨음을 선포하는 복음(福音)을 강조하셨다.

3) 그러나 예수님은 율법을 폐하려 이 세상에 오신 분이 아니고, 율법을 완전케 하기 위하여 오신 분이다 (마 5-17)

4) "천지가 없어지기 전에는 율법의 일점일획도 결코 없어지지 아니하고 다 이루리라"(마 5-18).

5) 모세의 율법은 죄를 알게 하는 율법이고, 예수님의 계명은 천국 백성이 되기 위한 율법이다.

〈결론〉 율법과 복음은 각자 별개의 관계가 아니라 서로 보완의 관계이다. 다만, 예수님의 계명을 준수하는 사람들에게는 모세의 율법은 효용이 없다. 그러나 예수님의 계명을 받아들이지 않는 사람들 앞에 모세의 율법은 여전히 유효하다.

성령(聖靈, Holy Spirit)에 대하여

1. 개념

1) 하나님의 영(靈)

2) 구약에서는 성신, 신으로 번역된 말

3) 성령의 성품은 선하시고, 거룩하시고, 진실하시고, 자애로우시다.

2. 성령이 하시는 중요한 사역(使役) 알아보기

1) 창조하심, 거듭나게 하심, 가르치심, 명령하심, 위로하심, 증거 하심

2) 책망하심, 감동시키심, 부활시키심, 죄와 진리를 깨닫게 하심

3) 기쁨을 주심, 충만하게 하심, 거룩하게 하심, 성경을 기록하게 하심

4) 죄악을 징계하심, 성도를 도우심, 성도를 위해 간구하심, 임재하심

5) 성도를 인도하심, 섬기는 자에게 임하심, 성도 안에 계심, 계시하심

3. 성령의 열매 (그리스도를 믿은 후 육체의 소욕(所欲)을 버린 성도의 행실)

1) 사랑 (요일 4:8) - 하나님은 사랑이심이라

2) 희락(롬 14:17) - 오직 성령 안에 있는 의와 평강과 희락(喜樂)이라

3) 화평(롬 5:1) - 하나님과 화평을 누리자

4) 인내(벧후 1:6) - 절제에 인내를, 인내에 경건을

5) 자비(골 3:12) - 긍휼과 자비와 겸손과 온유와 오래 참음을

6) 양선(행 11:24) - 착한 사람이요 성령과 믿음이 충만한 사람이라

7) 충성(고전 4:21) - 내가 매를 가지고 너희에게 나아가랴

8) 온유(엡 4:2) - 모든 겸손과 온유로 하고

9) 절제(벧후 1:6) - 지식에 절제를, 절제에 인내를

산상수훈 (山上垂訓)에 대하여

1. 개념

1) 산상수훈이란 마태복음 5-7장에 기록된 예수님의 교훈 또는 설교를 가리킨다. 주님께서 '축복의 산'에서 친히 가르친 '산상설교'라고도 하며, '천국의 대헌장' 또는 '기독교의 대헌장'이라고도 불리어 진다.

2) 산상수훈은 전체적으로 인간의 삶에 대한 깊은 통찰과 내면의 변화를 통한 참된 신앙생활을 강조한다. 이 모든 가르침은 예수님의 윤리적, 영적 기준을 높이고 진정한 제자의 삶이 무엇인지를 명확히 보여주고 있다.

3) 예수님의 산상수훈은 기독교인들에게 매우 중요한 교리와 윤리적 지침을 제공하며, 그리스도인의 삶과 신앙의 본질을 깊이 이해하는 데 매우 큰 도움을 주고 있다.

2. 핵심 내용

1) 8복(福) : 하늘나라의 복된 삶의 기준을 제시하며 겸손, 자비, 평화를 강조

2) 소금과 빛 : 그리스도인은 세상의 소금과 빛으로서 선한 영향력을 끼쳐야

3) 율법의 완성 : 율법을 폐지하러 온 것이 아님을 선언함

4) 내적 의로움 : 살인, 간음, 맹세, 원수, 사랑과 같은 주제를 강조

5) 경건한 삶 : 자선을 베풀 때, 기도할 때, 금식할 때, 은밀히 할 것을 강조

6) 재물과 하나님 : 세상의 재물보다 하늘에 보화를 쌓아라

7) 염려에 대한 교훈 : 염려 대신 하나님의 나라와 의를 구할 것을 가르침

8) 기도에 대한 약속 : 기도의 본질을 가르치며, 주 기도문을 설명하심

9) 황금률 : "남에게 대접을 받고자 하는 대로 너희도 남을 대접하라"

10) 기타 : 좁은 문과 넓은 문, 거짓 선지자, 반석 위에 세운 집 등

넓은 문(세상의 길) VS 좁은 문(신앙의 길)

1. 개념

> 1) 마태복음 7장 13절과 14절은 예수님의 산상수훈(山上垂訓) 의 일부로,
> 제자들과 군중들에게 천국에 이르는 길에 대한 교훈을 주는 구절이다.
> 2) 이 구절에서 예수님은 인생에서 선택해야 할 두 가지 길을 제시하신다.
> 3) 이를 통하여 예수님은 신앙적 삶의 본질과 그 길이 쉽지 않다는 점을
> 우리에게 알려주신다.

2. 두 가지 길의 차이점

	〈넓은 문〉	〈좁은 문〉
1) 상징성	* 세상의 길	* 생명으로 인도하는 길
2) 추구하는 가치	* 세상적 가치를 우선함	* 영적인 가치를 우선함 * 세상과 다른 가치관
3) 성격, 특징	* 편리하고 쉬운 길	* 협착하고 험한 길
4) 참가하는 사람	* 다수의 많은 사람들	* 소수의 적은 사람들
5) 추구하는 목적	* 물질적 성공 * 안락한 생활의 약속 * 도덕적 자유 추구 * 개인적인 욕망 충족	* 하나님의 뜻을 따른다 * 하나님의 말씀에 순종 * 도덕적인 길 * 희생과 봉사의 길
6) 마지막 결과	* 헛되고 무의미한 생활 * 하나님의 심판	* 세상의 유혹을 거절 * 진정한 신앙의 길

성경에 나타난 사랑의 특성

1. 개념

1) 사도 바울은 고린도전서 13장에서 사랑의 중요성과 그 특성을 말했다.

2) 사랑은 오래 참는다. 사랑은 일시적인 감정이 아니다.

3) 사랑이 없는 예언, 방언, 지식의 은사(恩賜)는 무의미하고 무효과다.

4) 그러므로 결론은, 예수 그리스도의 성품을 하나하나 면밀하게 분석하여 바울이 전한 것이라고 할 수 있을 것이다.

5) 예수 그리스도는 사랑의 화신이다. 사랑의 화신이 우리 곁에 항상 계시는 한, 사랑의 귀한 덕목들도 우리 곁에 영원히 남아 있을 것이다.

2. 사랑의 특성

1) 사랑은 오래 참습니다(억울한 일을 당할 때라도).

2) 사랑은 온유합니다(나에게 아픈 상처를 준 사람에게라도).

3) 사랑은 시기(질투, 투기)하지 않습니다.

4) 사랑은 자랑하지 않습니다(나의 세력 확장에 반드시 필요한 경우에도).

5) 사랑은 교만하지 않습니다(교만은 겸손의 반대임).

6) 사랑은 무례히 행하지 않습니다(외모, 모양, 맵시 등이 없다는 뜻).

7) 사랑은 자기 유익을 구하지 않습니다(소유욕은 이기심이다).

8) 사랑은 성내지 않습니다(이기심을 버리면 분노가 없다).

9) 사랑은 악한 것을 생각지 않습니다(좋지 못한 것을 계산하지 않는다).

10) 사랑은 불의를 기뻐하지 않습니다.

11) 사랑은 진리와 함께 기뻐합니다(배움과 가르침과 전파를).

12) 사랑은 모든 것을 덮어줍니다(측은지심, 자비, 긍휼).

은혜(恩惠, grace)에 대하여

1. 개념

1) 받을만한 자격을 갖추지 않은 자에게 조건 없는 사랑으로 베푸는 일
2) 하나님께서 죄인을 의롭다 하시고 영원한 생명을 주시는 일

2. 하나님의 은혜

1) 병든 몸을 치료하시는 은혜
2) 화목(和睦, harmony)을 이루시는 은혜
3) 먹여주시고 입혀주시는 은혜
4) 죄를 용서하시고 구원을 주시는 은혜
5) 천국에서 영원히 살게 하시는 은혜
6) 세상에서 승리의 삶을 살게 하시는 은혜
7) 모든 환난(患難)에서 견디는 은혜
8) 궁핍과 고난에도 견디는 은혜
9) 옥중생활에서 견디는 은혜
10) 끝까지 견디는 은혜, 사명에 충실한 은혜

3. 은혜 받는 비결

1) 내가 누구인가를 아는 것이다(천사보다 조금 못하게 창조하시고 …)
2) 하나님의 사랑을 알아 회개(悔改, repentance)하는 것이다.
3) 은혜 받는 기회를 잃지 않는 것이다.
  실패자는 기회를 잃는 자이고, 성공자는 기회를 바로 잡는 자이다.
4) 기도하여야 한다(기도를 통해 하나님께 가까이 가야 한다).
5) 순종하여야 한다(라합도 하나님의 말씀을 믿고 고향산천을 버렸다).
6) 아멘하는 것이다.

나는 누구인가?

1. 개념

1) 내가 누구인가를 알려면 '**인간은 본래 누구인가**'를 알아야 한다. 인간이 본래 누구인가에 대한 대답은 창세기에 명료하게 나와 있다.

2) **창세기 2:7** : "여호와 하나님이 땅의 흙으로 사람을 지으시고, 생기를 그 코에 불어넣으시니 사람이 생령이 되니라."

3) **창세기 1:27** : "하나님이 자기의 형상대로 사람을 창조하시되, 남자와 여자를 창조하시고"

4) 그러므로 인간이 하나님의 형상대로 지음 받았다는 것은 하나님 영성, 도덕성, 사회성을 함께 지니고 있다는 뜻이다.

2. 인간은 어떤 존재인가?

1) 인간은 영성(靈性)을 가진 존재이다

인간은 물질적 요소(흙)와 비물질적 요소(영혼)로 창조되었는바, 하나님 의 생기(生氣)인 비물질적 요소가 인간의 코에 불어넣어 질 때 생령이 되었다. 즉 인간은 영적 요소를 가지고 태어난 존재다. 그러므로 인간은 떡 이외에 하나님의 말씀을 필요로 하는 것이다.

2) 인간은 도덕성을 가진 존재이다

하나님의 생기는 인간이 도덕적 존재임을 나타내는 증거다. 또한 인간이 도덕성을 갖고 있다는 것은 스스로 책임지는 존재로 지음 받았음을 의미하기도 하는 것이다.

3) 인간은 사회성을 가진 존재이다

때문에 진정한 인간의 삶은 다른 인간과의 관계를 통해서만 가능한 것이다. 나 자신에게만 지나치게 몰두하면 그 인생은 별 존재 의미가 없다. 우리가 진정한 삶의 의미를 찾고 싶다면 하나님을 위하는 삶, 이웃을 위하는 삶을 위하여 사회성을 발휘하면서 살아야 할 것이다.

슬기로운 자 (man of wisdom)
(구약성경 '잠언'에서 슬기롭게 행동하는 사람을 이렇게 설명함)

1. 수욕을 참는 자(잠 12:16)
미련한 자는 당장 분노를 나타내거니와, 슬기로운 자는 수욕(모욕)을 참느니라.

2. 지식을 감추어두는 자(잠 12:23)
슬기로운 자는 지식을 감추어도, 미련한 자의 마음은 미련한 짓을 전파하느니라.

3. 지식으로 행하는 자(잠 13:16)
무릇 슬기로운 자는 지식으로 행하거니와, 미련한 자는 자기의 미련한 것을 나타내느니라.

4. 행동을 삼가는 자(잠 14:15)
어리석은 자는 온갖 말을 믿으나, 슬기로운 자는 자기의 행동을 삼가느니라.

5. 지식으로 면류관을 삼는 자(잠 14:18)
어리석은 자는 어리석음으로 기업을 삼아도, 슬기로운 자는 지식으로 면류관을 삼느니라.

6. 침묵하는 자(잠 17:28)
미련한 자라도 잠잠하면 지혜로운 자로 여겨지고, 그의 입술을 닫으면 슬기로운 자로 여겨지느니라.

7. 재앙을 보고 피하는 자(잠 22:3)
슬기로운 자는 재앙을 보면 숨어 피하여도, 어리석은 자는 나가다가 해를 받느니라.

8. 노를 그치게 하는 자(잠언 29:8)
거만한 자는 성읍을 요란하게 하여도, 슬기로운 자는 노(怒)를 그치게 하느니라.

안식일(安息日)에 대하여

1. 개념

1) 유대교, 가톨릭과 개신교 등 여러 교단과 교파에서 일을 하지 않고, 쉬면서 예배를 드리는 날을 말한다.

2) 안식일은 '창세기'에서 6일 동안 천지를 창조한 후 7일 째에, 신(神)이 안식을 취한 날에서 기원한다.

2. 안식일을 제정한 목적

1) 하나님의 창조를 기억하게 하기 위하여

2) 복을 위하여 (* 안식일은 창조의 완성, 주일은 구원의 완성)

3) 육체적인 안식과 회복을 위하여, 택(擇)자와 불택자를 구별하기 위하여

4) 하나님의 구원을 기억하게 하도록 하기 위하여

3. 안식일에 할 수 있는 것

제사, 제사장의 직무수행, 교훈 하는 것, 가족을 먹이는 것, 사람이나 짐승을 구하는 것, 강론 하는 것, 공무 수행, 기타 전쟁 수행 등

4. 안식일을 바르게 지키는 법

1) 6일 동안에 열심히 일해야 한다. 그리고 하나님의 말씀을 읽어라.

2) 일상 업무를 정돈하라. 거룩한 휴식을 취하라.

3) 공적인 예배에 참석하라. 세속적인 즐거움을 삼가라.

4) 자비와 그리스도의 사랑을 실천하라.

5) 명상과 기도를 하라. 주 안에서 기뻐하라.

6) 교회 봉사를 하라. 선(善)을 행하라.

우상숭배(偶像崇拜)에 대하여

1. 개념

〈창조주 하나님 이외에 어떤 유형. 무형의 대상을 향해 빌거나 섬기거나 경배를 하는 등의 모든 활동을 뜻 한다〉

1) 하나님께 돌려야 할 영광을 하나님이 아닌 것에 돌리는 것

2) 하나님보다 더 사랑하는 것

3) 피조물을 하나님처럼 섬기려는 것

4) 하나님의 이름을 더럽히는 것

5) 하나님에게서 멀어지게 하는 것

6) 인간을 도덕적 타락으로 빠지게 하는 것

7) 하나님 나라의 기업을 얻지 못하게 하는 것

2. 우상숭배와 관련한 성경의 말씀

1) 구약성경

〈출 20:3-6〉 너는 나 외에는 다른 신들을 네게 두지 말라. 너를 위하여 새긴 우상을 만들지 말고, 또 위로 하늘에 있는 것이나 아래로 땅에 있는 것이나 땅 아래 물 속에 있는 것의 어떤 형상도 만들지 말며, 그것들에게 절하지 말며, 그것들을 섬기지 말라.

2) 신약성경

신약성경 어디를 보아도 십계명을 폐지하셨다는 대목은 나오지 않는다. 오히려 산상수훈의 말씀을 보면, 십계명은 한층 더 강화되었다는 사실을 알 수 있다.

〈참고〉 신약 시대에 들어와서 우상숭배의 범위가 더 확대된 사례

* 돈(재물)도 얼마든지 우상이 될 수 있다고 경고(마 6:24)

* 사도 바울도 모든 탐심이 바로 우상숭배 행위라고 경고(골 3:5)

응답되지 아니하는 기도

1. 개념

> 1) 기도가 응답되지 않을 때에는 흔히 실망이나 좌절을 느끼지만, 그 안에는 보이지 않는 의미와 좌절이 숨어 있을 수 있다.
> 2) **영적 관점에서**, 우리로 하여금 더 깊은 신뢰와 인내를 배우게 만드는 수단일 수도 있고, 하나님이 다른 방식으로 응답하고 계시는 더 큰 계획이 있을지도 모른다.

2. 기도가 응답되지 않는 경우

1) 교만 : 하나님을 의지하지 않고 제 힘으로 살겠다는 것이 교만이다, 또한 겸손의 반대되는 말이 교만이다. 교만한 자의 기도에 하나님의 응답이 없음은 너무나 당연하다.

2) **죄악** : "내가 나의 마음에 죄악을 품었더라면, 주께서 듣지 아니하시리라."

3) **정욕으로** : "구하여도 받지 못함은, 정욕으로 쓰려고 잘못 구하기 때문이라."

4) **의심함으로** : (약 1:6) "오직 믿음으로 구하고 조금도 의심하지 말라 의심하는 자는 마치 바람에 밀려 요동하는 바다 물결 같으니"

5) **불순종하여** : "사람이 귀를 돌려 율법을 듣지 아니하면 그의 기도도 가증(可憎)하니라."

6) **무자비하기 때문에** : "우리가 온갖 보화를 얻으며 빼앗은 것으로 우리 집을 채우리니"

3. 기도 자가 자신을 돌아보는 3가지 원칙

> 1) 자신이 기도하는 내용이 정말 하나님의 일인가 확인한다.
> 2) 기도자 자신이 정말 하나님의 사람인지 돌아본다.
> 3) 응답의 때는 내 때가 아니라 하나님의 때임을 직시한다.

세례(洗禮, baptism)란 무엇인가?

1. 세례의 뜻

* 하나님과 함께하여 믿는 자(기독교 신도)가 되는 의식이다.

* 그리스도 안에서 하나님의 백성(자녀)이 되었다는 공적인 인증이다.

* 하나님의 성령을 받아 하나님의 은혜로 믿음의 삶을 시작함을 의미한다.

* 세례를 받는 자는 의식이 끝나면 교회에 등록하고 기독교 신도가 된다.

* 세례는 일평생 한 번만 받는다.

* 과학적으로 분석하면 세례는 하나님의 영(靈)을 사람의 마음에 넣어주는 의식이다.

* 예수도 세례 요한을 통해 세례를 받았다.

* 기독교인은 성령님이 거하는 전(집)이다.

* 누구든지 믿고 세례를 받는 사람은 구원을 받을 것이다. 따라서 세례를 받은 사람만 구원을 받는다.

* 세례는 육체의 더러운 것을 없애는 것이 아니라 하나님을 향한 선한 양심의 간구(懇求)다.

2. 세례의 유래 및 역사적 배경

1) 기독교 세례는 그리스도의 죽음, 장사됨 그리고 부활을 예시한다.

2) 물에 잠기는 행위는 죄에 대해 죽는 것을 의미한다. 그리고 물에서 나오는 행위는 구원 후에 뒤따르는 깨끗하고 거룩한 삶을 뜻한다.

3) 종합하면, 세례는 그리스도인의 삶에 나타난 내(內)적인 변화를 외(外)적으로 증거하는 것이라고 할 수 있다.

외식(外飾)하는 자

1. 개념

1) 겉으로 보기 좋게 꾸미어 드러내는 자를 뜻함.

2) 안으로는 세속적이면서, 겉으로는 경건하게 보이는 것을 말함.

3) 성경에서 말하는 외식이란 가식과 위선을 가리키는 표현으로 사용됨.

4) 겉으로 ~ 체를 한다는 의미로 마태복음, 마가복음, 디모데전서 베드로전서 등에서 자주 등장하고 있다.

5) 속과 겉이 다른 종교인(ex, 서기관과 바리새인이 많이 언급됨)

2. 외식하는 자의 특징

1) 구제할 때에 사람들에게 영광을 받으려고 함 (마 6:2)

2) 기도할 때에 사람들에게 보이려고 함 (마 6:5)

3) 금식할 때에 슬픈 기색을 보임 (마 6:16)

4) 겉으로 아름답게 보이려고 함 (마 23:27)

5) 입술로만 공경함 (막 7:6)

6) 예수님을 시험하려고 함 (마 22:18)

7) 천지의 기상은 분간하면서, 시대를 분별하지 못함 (눅 12:56)

8) 성경을 잘못 해석함 (눅 13:15)

9) 탐욕과 방탕으로 가득함 (마 23:25)

10) 천국문을 닫고, 다른 사람까지 들어가지 못하게 함(마 23:13)

11) 선지자들의 무덤을 만들고, 의인들의 비석을 꾸밈 (마 23:29)

12) 사람들에게 옳게 보이려고 함 (마 23:28)

13) 십일조는 드리면서, 더 중한 정의와 긍휼과 믿음을 버림 (마 23:23)

14) 타인 눈 속의 티는 보면서, 자기 눈 속의 들보는 보지 못함(마 7:5)

기독교와 천주교의 10계명 차이점

	〈기독교〉	〈천주교〉
제1계명	하나님 이외의 다른 신을 섬기지 마라	한 분이신 천주님을 흠숭(欽崇)하여라
제2계명	우상을 섬기지 마라	- 삭제됨 - 〈참고〉 1계명에 포함시킴
제3계명	너는 네 하나님 여호와의 이름을 망령되게 부르지 말라	하느님의 이름을 함부로 부르지 마라
제4계명	안식일을 기억하여 거룩하게 지키라 〈참고〉 안식일로 표현	주일을 거룩히 지내라 〈참고〉 주일로 표현
제5계명	네 부모를 공경하라	부모에게 효도 하여라
제6계명	살인하지 말라	사람을 죽이지 마라
제7계명	간음하지 말라	간음하지 마라
제8계명	도적질하지 말라	도적질을 하지 마라
제9계명	네 이웃에 대하여 거짓 증거 하지 말라	거짓 증언을 하지 마라
제10계명	네 이웃의 집을 탐내지 말라	1. 남의 아내를 탐내지 마라 2. 남의 재물을 탐내지 마라 〈참고〉 두 계명으로 나눔

기독교와 천주교의 차이점

	〈기독교〉	〈천주교〉
1. 교단 구조	* 각 교회가 독립적이고 자치적인 구조	* 교황을 중심으로 하는 중앙 집권적인 구조
2. 권위의 중심	* 개인만이 최종적 권위 * 개인이 성경을 직접 읽고 해석할 수 있음	* 교회의 해석이 최종적이며, 성경과 동등한 위치로 여김
3. 예배의 형식	* 간결하고 말씀 중심	* 엄격하고 전통적인 예배 형식
4. 교회 건물	* 소박하고 실용적인 구조	* 웅장하고 화려한 성당 건설
5. 성직자의 지위	* 성직자와 일반 신자 사이에 구분이 비교적 적음	* 사제, 주교, 추기경, 교황 등 계층 구조
6. 성례전의 수	* 세례와 성찬(성만찬)	* 7가지(세례, 견진, 성체, 고해, 병자, 성품, 혼인 등)
7. 성경의 해석	* 개인의 성경 읽기와 해석이 강조됨	* 개인적 해석보다 교회의 해석이 더 중요함
8. 구원의 방식	* 믿음을 통한 은혜로만 구원이 가능함	* 믿음, 선행, 성례전이 구원의 필수 조건임
9. 마리아의 역할	* 예수님의 어머니로 존중	* 성모 마리아로 특별히 공경

간추린 성경

의인과 악인은 무엇이 다른가?

	의인(義人)	악인(惡人)
1. 마음의 상태	깨끗하고 정직하여, 하나님께 순종하는 마음을 가짐	속임과 탐욕으로 가득 차 있고, 회개하지 않음
2. 고난관 (苦難觀)	고난 속에서도 하나님의 뜻을 신뢰하며 인내함	고난을 원망하며, 하나님을 부인하거나 멀리함
3. 사회적 영향	주변 사람들에게 선한 영향력을 끼치며 평화를 증진함	타인에게 해를 끼치고, 사회에 불화를 초래함
4. 정체성	하나님을 경외하며, 그의 말씀을 따르는 자	하나님의 뜻과 법을, 거슬리는 자
5. 삶의 태도	겸손하고 온유하며, 사랑과 진리를 추구함	교만하고 방종하며, 자기 욕망을 추구함
6. 행동	이웃을 섬기고 선행을 베풀며, 정의와 공의를 행함	타인을 억압하고 불의를 행하며, 자기 유익만을 추구함
7. 말씀과 관계	하나님의 말씀을 즐거워하며, 그것을 묵상하고 실천함	하나님의 말씀을 거부, 무시하거나, 자신의 뜻에 따라 행동함
8. 삶의 결과	평안과 축복을 누리며, 영원한 생명을 약속 받음	불안과 파멸에 직면하며, 영원한 심판을 받음
9. 삶의 열매	성령의 열매(사랑, 기쁨, 화평, 인내)를 맺음	악한 열매(시기, 분쟁, 불화, 탐욕 등)를 맺음
10. 궁극적 운명	의로운 심판을 통해, 하나님의 나라에 들어감	심판 후, 영원히 하나님과 분리됨

창조론 VS 진화론

1. 창조론과 진화론의 비교

	〈 창조론 〉	〈 진화론 〉
1) 기원	* 만물은 하나님께서 창조하심으로 비로소 존재하게 됨 * 우주의 기원과 생명의 탄생을 신에 의해 설명함 * 인간은 신의 형상대로 창조	* 만물은 빅뱅으로 생성됨 * 원래부터 그냥 있었다고 주장 * 19세기에 찰스 다윈에 의해 발전함 * 인간은 유인원에서 진화됨
2) 주요 주장	* 신이 모든 생명체를 창조	* 생명체는 변이를 통해 발전
3) 과학적 증거	* 신앙에 기반	* 화석 기록, 유전학에 기반
4) 시간, 척도	* 짧은 시간 내 창조	* 지구 나이 45억 년
5) 철학적 기반	* 인간의 종교적 신념과 연관 * 신앙과 종교	* 만물의 진화에 대한 이론 * 과학적 방법론

2. 창조론과 진화론의 논란 주제(主題)

1)종교적, 철학적, 신화적인 맥락에서 창조론은 의미 있는 역할을 한다.

2)진화론은 잘 확립된 과학적 연구 방법을 사용하여 생물학적 진화를 연구하여 설명한다. 그러나 현대의 생명과학기술로 어떤 생물의 기원을 진화로 설명하기에는 아직도 과학적 근거가 부족하다.

3)창조론은 근본적으로 생명의 근원이 어디에 있느냐에 관한 것이고, 진화론은 생물이 오랜 세월을 지나며 어떻게 변화하여 진화해 왔는지를 다룬다. 즉 창조와 진화는 서로 공존하며 함께 이루어지고 있는 것이다.

4) 생명체가 창조되지 않는다면 진화는 인식되지 않고, 현존하는 생명체에 진화가 일어나지 않는다면 미래에 새로운 생명체는 창조되지 않는다.

5) 때문에 우리는 두 이론을 상호보완적으로 해석하고, 서로 다른 식각과 관점을 존중하는 태도가 과학과 종교 모두에게 도움이 되리라 본다.

회개(悔改)에 대하여

1. 개념

> 1) 회개는 단순히 잘못을 인정하는 차원을 넘어, 삶의 방향 전환과 내면의 변화를 뜻한다.
> 2) 회개는 '**생각의 변화**' 또는 '**마음의 바꿈**'을 의미한다.
> 3) 회개는 기독교 신학의 중심 주제임. 다양하지만 정확한 개념 정리가 필요함.

2. 회개의 특징

1) 죄(罪)에 대한 인정 : 회개는 자신의 죄를 인정하고, 하나님과의 관계를 손상시켰음을 깨닫는 데서 시작된다.

2) 진정한 슬픔과 애통 : 단순히 죄책감이나 두려움이 아닌, 하나님을 거스른 데 대한 깊은 슬픔을 동반한다.

3) 삶의 확실한 변화 : 진정한 회개는 행동으로 나타나야 한다. 이는 하나님께 순종하여 새로운 삶을 추구하는 결과를 가져온다.

3. 회개의 중요성

1) 구원(救援)의 조건 : 성경은 회개를 구원의 필수 조건으로 강조한다.
 (마 4:17) "회개하라 천국이 가까이 왔느니라."

2) 하나님과의 화해 : 회개는 하나님과의 친밀함을 회복하는데 초점을 맞춰야 함.

3) 하나님의 은혜와 용서 : 회개는 전적으로 하나님의 은혜에 의존한다.

4. 무엇을 회개하여야 하는가?

1) 자기의 우상화(偶像化) : 사람들은 내 지혜와 내 능력으로 산다고 주장한다. 그러나 앞으로는 자기 뜻대로 살던 삶을 하나님 뜻에 따르는 삶으로 바꿔야 한다.

2) 불순종의 삶 : 지금까지 불순종하고 살아온 모든 죄를 회개하여야 한다.

황금률 (黃金律, Golden Rule)에 대하여

1. 개념

> 1) 황금률은 수많은 종교와 도덕, 철학에서 볼 수 있는 원칙의 하나임.
> 2) '다른 사람이 해 주었으면 하는 행위를 하라'는 윤리 원칙이다.
> 3) 기독교의 기본적 윤리관(倫理觀)으로 '남에게 대접을 받고자 하는 대로 너희도 남을 대접하라'는 가르침이다.
> 4) 본래 성경 기록에 황금률이라는 단어는 없다. 황금률이라는 말이 생긴 역사적 유래로는, 3세기 초반 로마의 어느 황제가 이 말씀을 귀중히 여겨 궁궐과 집무실에 황금으로 써서 벽에 붙인 데에서 기원되었다고 한다.

2. 내용

1) 기독교

* "그러므로 무엇이든지 남에게 대접을 받고자 하는 대로 너희도 남을 대접하라. 이것이 율법이요 선지자니라" (마 7:12).

* "남에게 대접을 받고자 하는 대로 너희도 남을 대접하라" (눅 6:31).

2) 유교

〈논어〉에서 공자는 '자기가 하고 싶은 것이 아니면 다른 사람에게 시키지 말라'고 말한다. 즉 '기소불욕 물시어인'(己所不欲 勿施於人)이 그것이다.

〈참고〉 은률(銀律, the silver rule)

예수님의 표현이 긍정적인 명령이라면(the golden rule), 공자의 명령은 금지의 명령이다. 이 말씀은 성경의 말씀보다 조금 못하다고 하여 은율이라고 한다.

인간의 내(內)적인 죄악 7 가지

1) **교만 (Pride)** : 교만은 신앙적으로 하나님을 의존하고 복종하기를 거부하며 영광을 자기에게 돌리는 행위로 '겸손'의 반대다. 성경은 교만을 죄의 근원 이며 본질로 간주한다. 또한 교만은 극단적으로 자기중심적이기 때문에 일종의 자기숭배의 죄악이기도 하다.

2) **탐욕 (Greed)** : 성경은 탐욕을 만악의 뿌리라고 규정하고 있다. 탐욕은 이기심을 살찌우는 죄악으로 인간을 물질의 노예가 되게 만들기 때문이다. 구약성경에서는 율법으로 탐심(貪心)을 금하고 있다.

3) **분노 (Wrath)** : 인간이 자연스러운 자기감정을 슬기롭게 통제하지 못하면 필연적으로 인간관계를 악화시키고 폭력 등 범죄를 유발하게 만든다.

4) **음욕 (Lust)** : 성경은 모든 음행과 정욕을 죄로 규정하고 있다. 무절제한 정욕은 선한 생활을 파괴할 뿐 아니라 죄의 종이 되게 하며, 고난과 파멸을 초래한다는 것이다. 또한 음행은 하나님께서 거하시는 성도의 몸(성전)을 오염 시키는 일과 같은 것이기도 하다.

5) **탐식(Gluttony)** : 물욕, 성욕, 식욕은 인간을 죄악으로 유혹하는 3대 욕구다. 절제하지 못하는 식욕은 육체를 부담스럽게 하고 고통스럽게 하며 서서히 육체를 파괴시켜 나가는 죄악이다. 또한 탐식(貪食)은 육체만 파괴시키는 것이 아니라 영성(靈性)을 파괴하는 죄악이기도 하다.

6) **질투 (Envy)** : 성경은 질투가 동기가 되어 분쟁과 분열, 미움, 살인까지 가져온다고 말하고 있다. 질투는 '사랑'의 반대행위로 이웃이나 타인을 사랑하지 않는 사람에게 생겨난다. 예수님은 외적인 행위가 따르지 않더라도 생각과 태도만으로도 죄가 된다고 말씀하셨다.

7) **나태(Sloth)** : 신학적인 면에서는 나태(懶怠)를 행동이나 정신적인 사물에 대한 게으름을 의미하는 것 뿐 아니라, 교회의 활동에 대해 냉담하고 적극적이지 못한 것도 의미한다고 보고 있다. 결국 나태는 각자의 일상생활과 함께 건강한 신앙생활을 파괴시키는 죄악이 되는 것이다.

교만, 거만, 오만, 자만

1. 개념

1) 교만(驕慢) : 잘난 척하고 뽐내며 건방짐. 자신을 지나치게 높이고 타인을 얕보는 마음 상태, 겸손의 반대이며 타인의 반감을 산다.

2) 거만(倨慢) : 잘난 체하며 남을 업신여김. 행동과 태도에서 드러나는 오만함. 타인에게 무례하거나 불쾌감을 주는 태도가 포함된다.

3) 오만(傲慢) : 태도나 행동이 건방지고 거만함. 자신의 능력이나 지위를 과도하게 믿고 다른 사람을 경멸하거나 무시하는 태도

4) 자만(自慢) : 자신이나 자신과 관련 있는 것을 스스로 자랑하며 뽐냄. 자신을 지나치게 자랑스럽게 여기는 마음. 자신의 성취나 능력을 과도하게 자랑하려는 경향을 뜻함.

2. 해설

1) 굳이 구별을 할 필요도 할 수 없는 동의어(同義語)들이다.

2) 굳이 느낌을 구분한다면

   * 교만은 잘난체하는 것이고, 거만은 남을 업신여기는 것이고,

   * 오만은 '교만+거만'이고, 자만은 조금 덜 나쁜 정도이다

3. 교만 (驕慢, haughtiness)을 극복하는 방법

	〈성경 구절〉	〈내용〉
하나님 말씀에 순종	잠 3:34	겸손한 자에게 은혜 베푸심
기도와 묵상	빌 4:6-7	기도로 하나님의 뜻을 구함
타인을 섬기는 마음	마 20:26-28	섬김을 통해 교만을 극복
자신을 낮추기	벧전 5:6	하나님의 때를 기다림
감사하는 마음	살전 5:18	범사에 감사함
타인의 의견 존중	빌 2:3	남을 낮게 여김

성경에서 마음이란 무엇인가?

1. 개념

1) 의식, 감정, 생각 등 정신적인 작용의 총체(mind)
2) 시비선악을 판단하는 힘(mentality)
3) 성령(spirit), 기분, 느낌(mood), 뜻, 의지(will)
4) 인간의 내면생활의 중심이며 종교생활의 근원
5) 의지, 존재의 중심, 그리고 도덕적 지적 활동이 일어나는 장소

2. 성경에서 마음이란 무엇인가?

1) 성경에서 마음은 단순한 감정의 영역이 아니라, 인간의 본질과 정체성을 담고 있는 근원적 장소이다.
2) 마음은 결정을 내리는 자리로, 인간은 마음에서 자신의 길을 정한다.
3) 마음은 하나님과의 교제가 이루어지는 장소이다.
4) 마음은 인간의 죄성과 갈등이 드러나는 장소이다.
5) 마음은 인간의 영적 중심지이며, 인간 존재의 모든 내면을 가리킨다.

3. 마음에 관한 성경 구절

1) 악을 꾀하는 자의 마음에는 속임이 있고, 화평을 의논하는 자에게는 희락(喜樂)이 있느니라 (잠 12:20).
2) 마음이 청결한 자는 복이 있나니, 그들이 하나님을 볼 것임이요 (마 5: 8).
3) 그리하면 모든 지각에 뛰어난 하나님의 평강이 그리스도 예수 안에서 너희 마음과 생각을 지키시리라 (빌 4:7)
4) 죄인들아 손을 깨끗이 하라. 두 마음을 품은 자들아 마음을 성결하게 하라.

겸손 (謙遜, modesty)에 대하여

1. 겸손이란 무엇인가?

1) 겸손은 자기를 낮추고 남을 높이는 것이다. 즉 남을 존중하고 자신을 낮추는 태도가 겸손이다.

2) 성경은 거만, 오만, 교만 또는 자고(自高)의 반대되는 말로 사용함.

3) 성경에서의 겸손은 하나님 앞에서 자기의 죄를 자각하고, 스스로 낮은 데로 임하는 인간들의 마음가짐을 말한다.

4) 인간이 겸손하려면 하나님의 거룩하심을 인식하고, 인간의 왜소함과 그 한계를 스스로 인식해야 한다.

5) 인간이 겸손하려면 자기가 죄인임을 신실하게 깨달아야 한다.

2. 겸손에 관한 성경 구절 9개

1) 겸손한 자를 구원으로 아름답게 하심이로다(시 149:4)

2) 겸손은 존귀의 앞잡이 이니라(잠 15:33)

3) 겸손한 자에게는 지혜가 있느니라(잠 11:2)

4) 겸손한 자에게 은혜를 주신다 하였느니라(약 4:6)

5) 나는 마음이 온순하고 겸손하니 내게 배우라(마 11:29)

6) 진실로 그는 겸손한 자에게 은혜를 베푸시나니(잠 3:34)

7) 타인의 유익을 자신의 이익보다 먼저 생각하라(빌 2:3)

8) 교만은 멸망으로 이끌고, 겸손은 존귀를 이끈다(잠 18:12)

9) 하나님은 교만한 자를 대적하시되, 겸손한 자들에게는 은혜를 주시느니라(벧전 5:5)

사탄에 대하여(1)

1. 개념

1) '사탄'(Satan)이란 말은 히브리어로 '원수' '대적자'라는 뜻이며, 우리 말 성경(개역개정)에서도 '사탄'이라고 표기한다.

2) 사탄의 일반적인 별명은 마귀, 귀신이라고도 불리는데, 사역적인 면에서 각기 다른 역할을 수행하고 있다.

3) 사탄은 대적의 왕으로(하나님을 대적하고 성도를 송사한다), 마귀는 파괴의 영으로(의심, 시험, 배신) 귀신은 침투의 영으로(병들게 하고, 미치게 하며, 점을 치게 한다)

2. 사탄(마귀)이 하는 일

1) 사람을 유혹함 (창 3:1) - "뱀은 하나님이 지으신 들짐승 중에 가장 간교하니라 뱀이 여자에게 이르되"

2) 시험하여 넘어뜨리려 함 (마 4:1) - "마귀에게 시험을 받으러 광야로 가사" (엡 6:11) "마귀의 간계를 능히 대적하기 위하여 하나님의 전신 갑주를 입으라"

3) 질병을 일으킴 (고후 12:7) - "내 육체에 사탄의 사자를 주셨으니"

4) 사람을 억압함 (행 10:38) - "마귀에게 눌린 모든 사람을"

5) 천국 운동의 말씀을 빼앗는 자 (눅 8:12) - "마귀가 가서 그들이 구원을 얻지 못하게 하려고 말씀을 그 마음에서 빼앗는 것이요"

6) 우는 사자와 같이 성도들에게 덤벼 듦 (벧전 5:8) - "너희 대적 마귀가 우는 사자 같이 두루 다니며 삼킬 자를 찾나니"

7) 성도를 대적함 (요 13:27) - " 조각을 받은 후 곧 사탄이 그 속에 들어간지라"

8) 성도를 미혹하려고 함 (고후 11:3) - "뱀이 간계로 하와를 미혹한 것 같이"

9) 올무에 빠지게 함 (딤전 3:7) - "비방과 마귀의 올무에 빠질까 염려하라"

사탄에 대하여(2)

1. 사탄의 특징

1) 악함(요일 2:13) - "청년들아 내가 너희에게 쓰는 것은 너희가 악한 자를 이기었음이라"

2) 교만함 (딤전 3:6) - "새로 입교한 자도 말지니 교만하여져서 마귀를 정죄하는 그 정죄에 빠질까"

3) 간교함 (창 3:1) - "뱀은 하나님이 지으신 들짐승 중에 가장 간교하니라"

4) 사나움 (눅 8:29) - "쇠사슬과 고랑을 끊고 귀신에게 몰려 광야로 나갔더라"

5) 헐뜯음 (욥 1:9) - "사탄이 여호와께 대답하여 이르되 욥이 어찌 까닭 없이 하나님을 경외하리이까"

6) 권세가 있음(엡 2:2) - "너희는 세상 풍조를 따르고 공중의 권세 잡은 자를 따랐으니"

7) 천사로 가장함 (고후 11:14) - "이것은 이상한 일이 아니니라, 사탄도 자기를 광명의 천사로 가장 하나니"

8) 때로는 이적(異蹟)도 행한다 (마 12:24) - "귀신의 왕 바알세불을 힘입지 않고는 귀신을 쫓아내지 못하느니라 하거늘"

2. 사탄의 말로

1) 잠시 놓여 미혹함 (계 20:2~8) - "무저갱에 던져 넣어 인봉한 사탄의 무리가 반드시 잠깐 놓이리라"

2) 심판 날에 영원한 불에 던져짐 (마 25:41) - "저주를 받은 자들아! 마귀와 그 사자들을 위하여 예비된 영원한 불에 들어가라"

〈참고〉 본래 마귀는 하나님의 피조물로 하나님을 받드는 일을 하였으나, 타락함으로 말미암아 하나님과 성도의 원수가 되었다.

사탄(마귀)을 대적하는 싸움
(에베소서 6:10~20)

1. 개념

> 1) 우리의 싸움은 신령한 '**영적 전쟁**'이다(혈과 육을 상대하지 않음)
> 2) 우리의 최종 목표는 '**하나님 나라**'의 건설이다
> 3) 우리의 싸움 상대는 구체적으로, 통치자들과, 권세들과, 어둠의 세상 주관자들과, 하늘에 있는 영들이다.

2. 사탄 나라의 4대 세력

> **1) 통치자들**
> 악한 영들이 정부와 관계를 맺고 백성을 괴롭히며, 전쟁을 일으키며, 하나님을 대적하게 한다. 사탄은 세상의 모든 국가의 통치자들을 자기의 종으로 삼고 세상을 멸망시키려 하고 있다.
> **2) 권세들**
> 공산주의자, 이단자, 시한부 종말론자 등을 말한다.
> **3) 어둠의 세상 주관자들**
> 미신을 조장하며 기복신앙을 강조하고 온갖 거짓 교훈을 가르치는 거짓 선지자들을 말한다.
> **4) 하늘에 있는 악한 영들**
> 종교적 집단에서 활동하며 성령의 역사인 것처럼 구원받지 못한 사람들을 통해 나타난다(ex, 바리새인과 서기관들)

3. 하나님의 나라, 사탄의 나라

> 1) **하나님의 나라** : 하나님의 주권에 의해 통치되는 나라이며, 먹는 것과 입는 것과 마시는 것을 초월한 나라(의와 진리와 거룩함으로 가득한 나라)
> 2) **사탄의 나라** : 사탄의 지배 아래 통치되는 한시적이며 제한적인 나라
> (불신자들이 사탄의 종노릇하며 영원토록 고통 속에 살아갈 지옥)

죄(罪)란 무엇인가?

1. 개념

1) 하나님의 율법(계명)이나 법칙, 진리에 어긋나는 것.

2) 법률(하나님의 법이든 세상의 법이든)에 위반되는 모든 행위.

3) 하나님의 뜻에 미달하거나, 좌우로 벗어나는 것이나, 지나쳐 넘어가는 것이나, 기타 양심을 속이는 행위 등을 말한다.

2. 죄의 종류

1) **원죄(原罪, original sin)** : 인류 최초의 인간인 아담과 하와가 하나님의 명령을 어긴 불순종의 죄를 뜻하는 바, 그로인하여 인간은 자신의 의지와는 상관없이 출생으로부터 정죄(定罪)된 상태로 놓이게 되는 것을 의미한다.

2) **자범죄(自犯罪, actual sin)** : 원죄의 부패성을 가진 모든 사람들이 실생활 속에서 짓는 죄를 가리킨다. 원죄는 본성의 죄로서 죄책을 포함하지만, 자범죄는 자신의 의지적 악행이기 때문에 더 큰 죄책을 가진다고 본다.

3. 죄의 본질

1) **불순종(不順從)** : 믿음과 신뢰의 결핍에서 나오는 불순종이 본질이다.

2) **불법(不法)** : 법을 알면서 어겼거나, 법이 있는 줄도 모르고 어기게 된 경우도 모두 불법에 해당한다.

3) **불의(不義)** : 가장 근본적인 불의는 하나님을 알지 못하는 것이고, 하나님과의 관계, 사람과 사람간의 관계가 올바르지 못한 것이다.

4) **불신(不信)** : 불신은 범사에 믿음을 좇지 않는 것으로 하나님의 말씀과 교훈을 따라 행치 않는 것을 의미한다. 불신앙은 모든 죄의 원천으로 하나님으로부터 등을 돌리는 것이다.

서기관 (Scribe)은 누구인가?

1. 개념

1) 애굽(이집트)과 메소포타미아에서는 세분화된 행정업무 종사자.

2) 이스라엘에서는 행정업무뿐 아니라 왕궁과 가까운 권력자로, 제사장, 성경 필사자 등 당대의 지적 분야를 이끌어가는 최고의 '**엘리트 그룹**' 이었다.

3) 성경(특히 신약성경)에서 서기관의 명칭이 많이 언급되는 바, 서기관의 정확한 역할을 고찰해 볼 필요가 있다고 생각한다.

2. 구약 시대 서기관

1) 기록과 보관 (삼하 8:17; 렘 36:25)

2) 성전(聖殿) 관계 (대하 38:8; 왕하 12:10)

3) 국정 관계 (에 3:12; 대상 27:32)

4) 왕의 역할 대행 (왕하 18:18)

5) 인구 조사 (왕하 25:19), 공증인 (렘 32:3~12)

3. 신약 시대 서기관

1) 헤롯에게 그리스도의 탄생지를 말했다 (마 2:4)

2) 예수님을 따르려고 했다. 예수님께 질문함

3) 하나님은 한 분임을 인정함 (막 12:32)

4) 바른 교훈을 하지 아니함 (마 7:29). 예수님을 버림 (막 8:31)

5) 예수님을 참담하다고 여김. 예수님이 귀신 들렸다고 함

6) 표적을 구함 (마 12:38). 외식함 (마 23:13~34)

7) 모세의 자리에 앉음 (마 23:2). 상석을 원하는 자 (막 12:39)

8) 예수님을 고난 받게 함. 호산나 찬송을 막음. 예수님을 은 30에 삼

9) 제자들을 비방함. 예수님을 희롱함. 예수님을 재판함

10) 예수님을 해할 것을 의논함. 예수님을 멸할 것을 꾀함

양심(良心, conscience)이란 무엇인가?

1. 개념

> * 선악(善惡)을 판단하고 선을 명령하며 악을 물리치는 도덕의식
> * 사물의 선악, 정사(正邪)를 판단하고 명령하는 의식 능력
> * 인간에 내재하여 선과 악을 구별하는 기능
> * '내부의 목소리' 또는 '내면의 빛'
> * 양심에 대한 종교적 견해는 일반적으로 그것을 모든 인간에게 내재된 도덕성, 자비로운 우주 및 신성과 연결되어 있다고 본다.

2. 양심에 관한 성경 말씀 사례(事例)

> 1) 선한 양심을 가지라. 이는 그리스도 안에 있는 너희의 선행을 욕하는 자들로 그 비방하는 일에 부끄러움을 당하게 하려 함이라(벧전 3:16).
> 2) 깨끗한 양심에 믿음의 비밀을 가진 자라야 할지니, 이에 이 사람들을 먼저 시험하여 보고 그 후에 책망할 것이 없으면 집사의 직분을 맡게 할 것이요(딤전 3:9-10).
> 3) 이것으로 말미암아 나도 하나님과 사람에 대하여 항상 양심에 거리낌이 없기를 힘쓰나이다(행 24:16).

3. 양심에 관한 명언(名言)

> 1) 양심은 인간 속에 있는 신의 출현이다. - 에마누엘 스베덴보리 -
> 2) 양심의 소리는 신의 음성이다. - 레오 톨스토이 -
> 3) 모든 것에 비양심적인 사람은 아무 것도 신뢰하지 말라. -로렌스 스턴
> 4) 드러나지 않으면 부끄럽게 생각하지 않는다. - 논어 -
> 5) 양심은 영혼의 소리요, 정열은 육신의 소리이다. - 루소 -
> 6) 양심의 소리는 사람의 속에 있는 하나님의 부드러운 속삭임이다. - 영

성경 속에 나오는 양심의 종류

1. 선(善)한 양심

선한 양심이란 하나님의 말씀으로 양육되어 하나님의 뜻을 잘 따르는 양심을 말한다.

2. 청결한 양심

예수의 피로 정결함을 받은 양심이다. 이 양심은 내 속에 있으나 내편이 아니라 하나님 편에서 역사하는 양심이다. 또한 이 양심은 의와 진리와 거룩함으로 주님을 내 안에 왕으로 모신 자들의 양심이다.

3. 악(惡)한 양심

아담의 피를 이어 받은 인간들은 모두가 악한 존재들이다. 왜냐하면 원죄로 인한 죄성이 아직도 남아 있기 때문이다. 가짜 양심, 무지나 오해의 양심, 졸고 있는 양심 등 오늘 날 죄책감이 사라진 양심이 너무나 많다.

4. 더러워진 양심

죄에 오염이 되어 더러운 것을 더럽게 생각하지 않으며 부끄러움을 모르는 자들의 양심이다. 즉 밝은 빛보다는 음침한 어두움을 사랑하는 자들의 양심이 그것이다.

5. 화인(火印) 맞은 양심

화인이란 쇠도장에 불을 달아서 피부를 태워 지져내는 도장이다. 죽을 때까지 영원히 지워지지 않는다. 때문에 화인 맞은 양심의 사람은 양심이 마비된 사람이다. 죄에 대하여 아무런 감각을 느끼지 못하는 무감각한 양심의 소유자이다.

6. 약(弱)한 양심

성경에서 말하는 약한 양심에 '우상에게 바친 고기를 먹어도 되는 가?' 등이 있다. 성경은 죄가 되지 않는다고 말씀하고 있다. 그러나 일부의 인간들은 거리낌을 가지고 있다. 마음속에 거부감으로 작용되는 행동 등을 할 때 약한 양심이 발동하는 것이다.

고통 하는 시대가 오는 이유

1. 개념

1) **사도 바울**이 말하는 고통의 시대는 즉 말세(末世)를 의미한다. 말세의 특징은 한마디로 표현하면 '경건하지 않음'이라고 볼 수 있다.

2) 디모데후서 3장 1-5절에서 언급한 말세의 이유 19가지는 다음과 같다.

2. 고통 하는 시대가 오는 이유 (사도 바울의 분석)

1) 사람들은 자기를 사랑할 것이다.

2) 사람들은 돈을 사랑할 것이다.

3) 사람들은 자긍(自矜)할 것이다.

4) 사람들은 교만(驕慢)할 것이다.

5) 사람들은 비방(誹謗)할 것이다.

6) 사람들은 부모를 거역할 것이다.

7) 사람들은 감사하지 않을 것이다.

8) 사람들은 거룩하지 않을 것이다.

9) 사람들은 무정(無情)할 것이다.

10) 사람들은 원통함을 풀지 않을 것이다.

11) 사람들은 모함할 것이다.

12) 사람들은 절제하지 않을 것이다.

13) 사람들은 사나울 것이다.

14) 사람들은 선한 것을 좋아하지 않을 것이다.

15) 사람들은 배신하여 팔 것이다.

16) 사람들은 조급할 것이다.

17) 사람들은 자만(自滿)할 것이다.

18) 사람들은 쾌락 사랑하기를 하나님 사랑하는 것보다 더할 것이다.

19) 사람들은 경건의 모양은 있으나 경건의 능력은 부인할 것이다.

간추린 성경

말세가 오는 이유 (2025년 AI 기준)

1. 개념

  1) 사도 바울이 '**디모데 후서**'를 저작한 연대가 AD 67년경이다.

  2) 연대의 간격이 1958년이나 되는 것을 감안하면 많은 것을 생각하게 된다.

2. 말세가 오는 이유(2025년 AI 판단 기준)

  1) **도덕적 타락 증가** : 인간의 가치관이 퇴색되고, 악이 선을 지배하고 있다.

  2) **자연 재해의 빈발** : 지진, 홍수, 화산 폭발 등 세계적인 자연 재해 증가.

  3) **기후 변화와 환경 파괴** : 인간의 무분별한 개발로 지구 생태계가 위협받음.

  4) **전쟁과 분쟁 증가** : 국가 간, 종교 간, 지역 간의 전쟁과 갈등 심화.

  5) **거짓 선지자와 교리의 범람** : 잘못된 가르침과 영적 혼란의 확산.

  6) **경제적 불평등 심화** : 부익부 빈익빈의 현상 극대화.

  7) **윤리적 혼란** : 선과 악, 옳고 그름에 대한 기준이 모호해짐.

  8) **사회적 분열** : 정치적, 이념적, 종교적 갈등으로 인해 인간관계가 단절됨.

  9) **사랑의 식어감** : 이기심과 냉담함으로 인해 인간관계 단절.

  10) **무신론과 신앙 약화** : 종교적 믿음 감소와 영적 방황 증가.

  11) **과학기술의 남용** : 인공지능, 생태공학 등 기술의 비윤리적 사용.

  12) **음란과 타락의 확산** : 성적 문란과 비윤리적 행동이 문화로 자리 잡음.

  13) **약자의 착취** : 사회적 약자와 빈곤층에 대한 차별과 억압 심화.

  14) **물질주의와 타락** : 돈과 물질이 인간 삶의 우선순위를 대체함.

  15) **거짓 정보의 유포** : 미디어와 인터넷을 통한 왜곡된 정보 확산.

  16) **생명 경시 풍조** : 생명 존중보다 이익 추구가 우선시 되는 사회.

  17) **종교 박해 증가** : 특정 신앙이나 종교에 대한 탄압과 박해가 심화됨.

  18) **평화의 상실** : 인간 내면의 불안과 세계적 평화의 부재.

  19) **초자연적 징조들** : 성경이나 경전에서 예언한 불가사의한 현상들이 빈발함.

과학과 신앙은 서로 모순되는가?

1. 개념

1) 과학과 신앙이 서로 모순된다고 생각하는 것은, 일반적으로 두 영역의 목적과 방법을 잘못되게 해석하거나 혼동할 때 일어난다.
2) 먼저 '어떻게'와 '왜'의 차이점을 정확하게 구분하는 것이 필요하다.
3) 과학과 신앙은 본질적으로 다른 질문과 목적을 지니며, 이 둘은 서로 모순이 아닌 보완적 관계로 이해하여야 할 것이다.

2. 과학과 신앙의 차이점

1) 과학의 목적과 방법

* 과학은 자연 세계를 탐구하고 설명한다. 과학은 '어떻게'라는 질문에 답한다.

* 과학은 관찰, 실험, 검증 가능한 가설을 통해 현실의 법칙을 이해하려는 체계적 접근 방법이다.

2) 신앙의 목적과 방법

* 신앙은 인간의 존재와 삶의 의미, 도덕적 가치, 궁극적 목적과 같은 근본적인 질문에 답하려 한다. 신앙은 '왜'라는 질문에 초점을 맞춘다.

* 신앙은 경험적 검증보다는 영적인 체험, 철학적 사고, 공동체적 전통을 통해 탐구가 이루어진다.

3. 결론

1) 과학에 대한 인간들의 믿음은 지적인 부분일 뿐 그 이상은 아니다.
2) 현대 과학이 우주에 대해 더 많은 것을 발견할수록 우리는 더 많은 창조의 증거를 보게 될 것이 분명하다.
3) 우리가 많은 큰일들을 행하기 위해 과학을 의지할 수 있지만 과학도 실수를 한다는 것을 인정하여야 한다.
4) 결론적으로, 신앙인들은 진리를 추구하는 과학을 포용해야 하지만 인간의 지식을 하나님보다 높게 여기는 현상은 거부해야 마땅하다.

이혼과 독신에 대한 성경적 가르침

1. 개념

1) 오늘 날 우리는 모두가 자신의 권리를 주장하는 '권리신장의 시대'를 살아가고 있는 바, 그 부작용의 하나로 나타나고 있는 사회적 문제가 '이혼과 독신의 문제'라 할 수 있다.

2) 이혼과 독신의 문제를 언급한 성경 구절에는 고린도전서(7:7~8, 10~16), 에베소서(5:31), 마태복음((19:3~9) 등이 있다.

3) 결론적으로, 성경은 이혼과 독신 문제에 대해 율법적인 틀을 제공하기보다 하나님의 창조질서와 개인의 헌신이라는 더 깊은 의미를 중심으로 다룬다.

2. 이혼에 대하여

1) 이혼하지 말라

하나님은 부부가 갈라지는 것을 원칙적으로 원하지 않으신다. 다만 믿지 아니하는 남편이나 아내가 믿는 이를 구속하여 예수를 믿지 못하게 할 때 화평을 위하여 갈라서라. 또한 '음행'의 경우에 한하여도 성경은 이혼을 허락하고 있다.

2) 부득이한 사정으로 갈라졌을 경우

그냥 지내든지 가능하면 다시 합하라.

3. 독신에 대하여

1) 〈구약〉 : 결혼과 자녀를 가지는 것을 축복으로 간주함.

2) 〈신약〉 : 사도 바울은 독신을 특별이 권장함. 환란의 때에는 독신으로 지내는 것이 좋다.

〈참고〉 결혼했다가 독신이 된 경우 : 혼자 살면서 성적인 생각이나 유혹을 받지 않는다면 독신으로 살아라.

술에 대한 성경의 태도는 무엇인가?

1. 개념

> 1) 성경은 음주 행위에 대해 명확한 기준과 태도를 제시하지는 않는다.
> 2) 그러나 성경은 과도한 음주와 술 취함에 대하여 분명하게 경고하고 있다.

2. 절제된 음주 허용(다만, 책임감 있고 절제된 방식으로)

1) "사람으로 마음을 기쁘게 하는 포도주를 주셨으며" (시 104:14~15)
2) "기쁜 마음으로 네 음식을 먹고, 즐거운 마음으로 네 포도주를 마시라" (전 9:7).

3. 과도한 음주에 대한 경고

1) "포도주는 거만하게 하는 것이요 독주는 떠들게 하는 것이라" (잠 20:1)
2) "술 취하지 말라 이는 방탕한 것이니 오직 성령으로 충만함을 받으라" (엡 5:18).

4. 지도자와 음주의 관계

특히 장로와 집사에게 과도한 음주를 하지 말 것을 요구함(딤전 3:2~3).

5. 도움이 필요한 자들을 위한 술

"독주는 죽게 된 자에게 포도주는 마음에 근심하는 자에게 줄지어다(잠 31: 6~7).

6. 결론

> 1) 성경은 음주를 완전히 금지하지는 않으나, 책임감 있고 절제된 음주를 권장하고 있다.
> 2) 술 취함이나 과도한 음주는 분명히 경고하여 특히 영적, 도덕적 삶에서 악영향을 미칠 수 있음을 강조한다.
> 3) 술에 대한 대표적인 말씀은 에베소서 5:18의 말씀이다. '술 취하기 전까지는 마셔도 된다'는 주장이 여기서 시작되고 있음이다.
> 4) 그러나 성경은 술 취함 그 자체를 어리석은 행위로 보고 있음이 분명하다.

자살에 대한 기독교의 관점

1. 기독교인이 자살하면 천국에 갈 수 있을까?

1) 자살하는 것은 10계명 중 제6계명을 어기는 것이다. 살인하지 말라는 계명은 자신에게도 적용된다. 즉 스스로를 살인하는 것이 자살이기 때문이다.

2) 또한 자신을 살인한 후에는 진정으로 회개하려고 해도 회개할 기회조차 없기 때문에 구원을 받을 수도 없는 것이다.

3) 그러나 성경에 '자살하면 지옥 간다'는 명문 규정이 없기 때문에 해석상의 혼란이 오는 것은 논리적으로 당연한 결과라고도 하겠다.

2. 자살에 대한 기독교의 관점

1) 자살은 죄가 된다는 관점

* 십계명에서 살인을 죄라고 분명하게 밝히고 있다.

* 성경이 침묵한다는 것이 결코 자살을 인정하는 의미는 아니다.

* 인생의 성스러움 때문에라도 살인은 죄가 된다.

* 자살은 사람이 믿음이 없다는 것을 스스로 확증하는 것이다.

2) 자살은 죄가 아니라는 관점

* 성경이 침묵하고 있다. 즉 삼손과 사울왕 등 자살에 대해 침묵했다.

* 초대 교부들이 침묵하였다. 즉 자살에 대해 부정적인 언급이 없었다.

* 자살을 한 것의 책임이 자살자에게 있지 않다고 보고 있다. 즉 우울증 환자가 자살을 한 경우 우울증에게 원인이 있다고 보는 것이다.

3. 자살은 용서받을 수 있는 죄인가?

1) 자살행위가 있기 전에 회개를 미리 했다면 자살도 용서가 가능하다.

2) **로마 가톨릭교회**는 고전적인 견해(자살을 용서 받을 수 없는 죄라는 주장)를 버리고, 자살을 심리적 불안과 걱정 등이 원인인 것으로 수정 하고 있다.

애완동물(강아지)에 관한 성경적 관점

1. 개념
　성경에는 애완동물에 대한 직접적인 언급은 많지 않지만, 동물과 인간의 관계, 동물의 창조적 목적, 하나님의 섭리에 대한 여러 구절들이 있다.

2. 동물과 인간의 관계
　1) 예수님은 하나님의 창조물을 소중하게 여길 것을 가르치셨다(마10: 29).
　2) 인간은 동물들을 책임지고 관리해야 하는 사명을 받았다(창세기 1:28).

3. 애완동물과 신앙적 교훈
　1) 인간은 애완동물을 통해 창조세계와 조화를 이루고 하나님의 섭리에 감사하는 마음을 기질 수 있다.
　2) 강아지 등 애완동물을 사랑하고 돌보는 것은 창조세계를 책임지고 돌보시는 하나님의 명령과 일치한다.

4. 애완동물에 관한 성경적 관점
　다만 다음과 같은 상황에서는 신학적 균형을 잃을 수 있음을 유의해야 한다.
　1) 하나님보다 애완동물을 더 의지하거나 우선시 할 경우
　2) 애완동물에게 과도한 헌신, 즉 애완동물을 지나치게 의인화(擬人化)하거나 그들에게 인간 이상의 가치를 부여하여 삶의 중심에 두는 경우
　3) 감사와 예배의 대상을 혼동하는 경우

5. 결론(균형적인 관점)
　1) 애완동물(반려동물)을 잘 돌보는 것은 선한 행위이다.
　2) 애완동물은 하나님께서 주신 선물로, 그 이상도 그 이하도 아니다.
　3) 사람이 주인인지 반려견이 주인인지 혼동되는 현상은 비정상이 확실함.
　4) "나 외에는 다른 신들을 두지 말라"(출 20:3)고 성경은 기록하고 있다.
　5) 동물을 위한 병원, 호텔, 납골당 등의 문제는 애완(愛玩)을 넘어 동물을 사람과 동격으로 만드는 수준의 일이다.

자유의지(自由意志, free will)에 대하여

1. 개념

> 1) 자신의 행동과 결정을 스스로 조절, 통제하는 힘과 능력을 말한다.
> 2) 즉 하나님이 인간들에게 선(善)과 악(惡)을 판단할 수 있는 능력을 주시고, 선과 악을 선택해서 행할 수 있도록 주신 의지(意志)를 의미한다.

2. 자유의지의 종류

1) **절대적** 자유의지	* 하나님 한 분만 행사가 가능한 자유의지 * 타인의 명령이나 간섭 없이 임의대로 행사한다.
2) **제한적** 자유의지	* 타락 이전의 아담에게 주어진 자유의지 * 제한된 범위 안에서만 선택, 결정할 수 있다.
3) **일반적** 자유의지	* 모든 인간에게 차별 없이 나누어 주시는 자유의지 * **일반은총에 속한 영역** : 모든 인간에게 허용 * **생존을 위한 기본활동** : 자신의 선택에 따라 결정

3. 인간에게 자유의지를 허락한 배경

> 1) 인간에게 자유의지가 없다면 그 행위에 대하여 책임질 필요가 없기 때문이다. 자유롭게 선택하고 결정할 수 있는 권한이 없는 존재에게 그 행위에 대해서 책임을 묻는 다는 것은 불가능하다.
> 2) 하나님이 주인이심을 분명히 하시기 위함이다.
> 3) 하나님의 섭리를 완전하게 구현하시기 위함이다.
> 4) 인간의 성품을 선하게 갖추시기 위함이다.
> 5) 언약을 충실히 지켜 하나님께 최상의 영광을 돌리게 하려는 목적이다.

지혜에 대하여

1. 개념

> 1) 지혜는 올바르게 판단하고 최선의 행동 방침을 따르는 능력이다.
> 2) 지혜에는 통찰력, 올바른 판단력, 건전한 의사결정이 포함된다.
> 3) 지혜는 단순한 지식수준을 넘어, 현실 상황에 적용하는 능력이다.
> 4) 성경에 따르면, 지혜는 하나님의 뜻을 이해하고 우리의 삶에 대한 하나님의 계획에 부합하는 선택을 할 수 있게 해주는 하나님의 선물이다.

2. 지혜에 관한 성경구절 10개

1) "여호와는 지혜를 주시며 지식과 명철을 그 입에서 내심이며" (잠언 2:6)

2) "지혜를 얻은 자와 명철(明哲)을 얻은 자는 복이 있나니" (잠언 3:13)

3) "지혜로운 여인은 그 집을 세우되, 미련한 여인은 자기 손으로 그것을 하느니라"(잠 14:1).

4) "지혜를 얻는 것이 금을 얻는 것보다 얼마나 나은고, 명철을 얻는 것이 은을 얻는 것보다 더욱 나으니라" (잠 16:16).

5) "의인의 입은 지혜를 말하고, 그 혀는 공의(公義)를 이르며" (시 37:30)

6) "늙은 자에게는 지혜가 있고, 장수하는 자에게는 명철이 있느니라" (욥 12:12)

7) "이는 저희로 마음에 위안을 받고 사랑 안에서 연합하여 원만한 이해의 모든 부요(富饒)에 이르러 하나님의 비밀인 그리스도를 깨닫게 하려 함이라. 그 안에는 지혜와 지식의 모든 보화가 감취어 있느니라" (골 2:2~3).

8) "하나님의 미련한 것이 사람보다 지혜 있고, 하나님의 약한 것이 사람보다 강하니라" (고전 1:25).

9) "너희 중에 누구든지 지혜가 부족하거든 모든 사람에게 후히 주시고 꾸짖지 아니하시는 하나님께 구하라 그리하면 주시리라" (약 1:5).

지식과 지혜의 차이점 및 비교표

1. 개념

1) 두 단어는 서로 비슷해 보이지만 매우 다른 의미를 가지고 있다.

2) 지식은 무엇을 알고 있는가의 측면이고, 지혜는 알고 있는 지식을 어떻게 활용하는가의 측면이다.

3) 일반적으로 지식은 학습을 통하여 획득하지만, 지혜는 경험과 성찰 등을 통하여 얻어진다.

4) 우리가 비록 많은 지식을 소유하고 있더라도 그 지식을 적절하게 사용하고 활용하지 못한다면, 그런 경우에는 결코 지혜롭다고 할 수는 없음.

2. 지식과 지혜는 서로 어떻게 다른가?

	지식(知識, knowledge)	지혜(智慧, wisdom)
1) 개념	* 경험이나 교육을 통해 얻음 * 특정 주제에 대한 정확한 정보나 사실 내용	* 판단과 결정을 내리는 능력 * 지식을 적절하게 활용하는 능력
2) 획득 수단(출처)	* 학습. 책. 강의, 경험, 연구 등	* 삶의 경험, 성찰. 깊은 이해, 시간 등
3) 특징	* 무엇을 아는가? * 정량화 가능, 측정 가능	* '어떻게'와 '왜'를 아는가? * 정량화 어려움.
4) 활용	* 객관적 정보 제공 * 일상적 문제 해결	* 주관적 판단력이 중요함 * 비일상적 문제 해결력 강화

요한계시록에 나타난 그리스도

1. 계시(啓示)이신 그리스도

2. 땅의 왕들의 머리가 되신 그리스도

3. 처음이요 나중인 그리스도

4. 죽었다가 사신 그리스도

5. 사망과 음부의 열쇠를 가지신 그리스도

6. 일곱별을 붙잡고, 일곱 금촛대 사이에 다니시는 그리스도

7. 좌우에 날선 검(劍)을 가진 그리스도

8. 눈이 불꽃같고 발이 빛난 주석과 같은 하나님의 아들이신 그리스도

9. 하나님의 일곱 영(靈)과 일곱별을 가지신 그리스도

10. 거룩하고 진실하사, 다윗의 열쇠를 가지신 그리스도

11. 아멘이시오, 충성되고, 참된 증인이시며, 하나님의 창조의 근본이신 그리스도

12. 전에도 계셨고, 이제도 계시며, 장차 오실 그리스도

13. 보좌(寶座)에 앉으신 그리스도

14. 죽음을 당한 어린 양 그리스도

15. 인봉(印封)한 것을 떼시기에 합당하신 그리스도

16. 도적같이 오실 그리스도

17. 만주의 주시요, 만왕(萬王)의 왕이신 그리스도

18. 백마를 탄 그리스도

19. 하나님의 말씀인 그리스도

20. 성전(聖殿)이신 그리스도

21. 알파와 오메가, 처음과 나중, 시작과 끝이신 그리스도

구약성경과 역사 (歷史)

순서	시대 명칭	내 용
1	아담의 시대 (1만년 ~10만 년 전)	* 아담과 이브(에덴동산 거주) --〉 지혜의 열매 절도사건 --〉 에덴동산에서 동쪽으로 퇴출(고통의 노동활동 시작)
2	노아의 시대	* 바벨탑 건축. 하나님 배반 --〉 노아(아담의 10대 후손)가 500세 때 노아의 홍수(방주) --〉 간음, 살인 계속
3	아브라함의 시대	* 하나님의 계시로 선택 - 〉 개명('민족의 아버지'란 뜻) * 430년 동안 이스라엘 민족을 거대한 수로 번창시킴.
4	모세의 시대	* 하나님은 종이자 대리인으로 모세를 지명, 임무를 부여함 * 40년의 고난 행진 --〉 가나안 침공
5	족장, 소왕국의 시대 (BC 2000~1500)	* 겁이 많은 이스라엘 백성(오랜 기간 노예생활 영향)에게 * "강인해 져라. 두려워하지 말라." 반복하여 격려함.
6	가나안 정복, 영토분배 (BC 1500~1000)	* 이스라엘 12부족의 인구수에 따라 추첨식으로 땅 분배 --〉 이민족과 섞여 살면서 우상에 빠짐(하나님 배반)
7	이스라엘의 왕국 시대 (BC 1000)	* 12부족의 대표(판관) --〉 '王' 제도 요청(조건부 허락) --〉다윗 왕을 제외하고 모두 실망 -〉 왕국이 둘로 분열

8	북이스라엘 멸망 (BC 931~723)	* 솔로몬 왕까지 우상숭배(하나님 배반) * 2개 국가로 분열 후 북쪽의 아시리아 제국에게 멸망함.
9	유다왕국의 멸망 (BC 931~586)	* BC 586년 유다 왕국마저 바빌론 제국에 멸망 --〉백성들은 노예로 끌려감(노예 생활 70년 방치)
10	바빌론 제국의 멸망 (BC 539~329)	* 인간들은 의로운 삶에 대한 하나님의 보상이 너무 미약하다고 생각(솔로몬의 지혜서)
11	페르시아 제국 멸망 (BC 329~67)	*페르시아 제국은 알렉산더 대왕에게 멸망 --〉이스라엘 민족은 여러 국가의 통치 아래에서 끝없는 유랑생활 계속
12	메카베의 독립전쟁 (BC 167~164)	* 예루살렘의 사제인 메카베가 그리스 신을 숭배하라는 왕에 대항하여 독립 저항 전쟁 --〉 제한적 독립 유지 * 단, 구약성경 정본에는 포함되지 않음 (실패한 저항)
13	로마제국의 시대 (BC 67 ~)	* BC 63년 로마의 폼페이 장군이 **동방전쟁**을 강행하여 유다의 땅을 포함하여 셀레우시드 제국을 정복함. * 유다의 땅은 이 후 로마의 속국이 됨. * 예정된 메시야 (이스라엘 민족 --〉모든 인류의 구세주)

성경 속의 '인생과 지혜'

1. 개념

'지혜와 인생'이라는 주제는 종교적, 철학적 맥락에서 인간의 삶과 행동의 본질적인 방향을 제시하는 주제로 볼 수 있다.

2. 지혜란 무엇인가?

1) 지혜는 단순한 지식의 축적을 넘어, 옳고 그름을 판단하고 상황에 적합한 결정을 내릴 수 있는 통찰력을 말한다.

2) 지혜는 경험, 성찰, 그리고 도덕적 기준에 기인하여 형성되며, 삶의 문제를 해결하고 더 나은 길로 나아가는 데 필수적이다.

3) 성경적 관점에서는 지혜는 하나님을 경외(敬畏)함에서 시작되며(잠언 1:7), 하나님의 뜻에 따라 살아가는 '삶의 기술'로 정의된다.

3. 인생과 지혜

1) 성경에서 인생의 의무는 하나님께 대한 경외와 순종으로 요약된다.

2) 이러한 의무는 개인적 이익이나 욕망이 아니라, 공동체와 신앙 안에서의 조화와 사랑, 정의를 실현하는 데 초점이 맞춰져 있다.

3) 인간의 의무는 지혜를 통해 더욱 효과적으로 이루어질 수 있으며, 이는 자신과 타인, 그리고 하나님과의 관계에서 조화를 이루는 데 기여한다.

4) 요약하면, 인간은 지혜를 실천하기 위해서는 먼저 지혜를 구하고, 하나님의 뜻에 따라 경건하고 정의로운 삶을 목표로 설정하고, 사랑과 공의를 실천하며 자신의 책임을 다해 하나님과 이웃에게 충실히 하는 것이라 할 수 있다.

소유, 향유, 나눔에 대하여

1. 개념

1) **소유 (所有)**는 어느 정도의 소유로 만족해야 하는가?
2) **향유 (享有)**는 물질을 어떻게 누릴 것인가?
3) **나눔**은 그리스도인의 거룩한 의무이고 보람이다.

2. 성경적 물질관 3대 요소

	〈기준〉	〈개인적 적용〉
1) 소유	* 의식주, 의료적 필요 기초적인 교육	* 그리스도 안에서 자족하는 삶 * 탐욕과 염려를 물리치자.
2) 향유	* 절제만 하면 금욕주의로 빠지고(* 금욕주의), * 향유만 하면 방탕으로 빠진다(* 쾌락주의) * 성경은 절제와 향유 모두를 말한다.	* 절제에만 집중해서 향유하는 것을 놓치지 말라. * 즐기며 감사할 줄 알아. * 그러나 절제하고 인내하는 성품으로 자라라.
3) 나눔	* 그리스도인에게 '나눔'은 필연적이다 * 나눔은 거룩한 의무이고, 보람이다.	* 그리스도를 닮아가는 것은 넉넉해지는 것이다. * 나눔의 기쁨을 누리자. * 작은 일부터 시작하자

감사 (感謝)에 대하여

1. 개념

> 1) 성경에서 말하는 '감사'는 하나님께서 베푸신 은혜와 사랑을 깨닫고, 마음과 삶으로 드리는 찬양과 순종이다.
> 2) 성경에서 '감사'는 단순한 감정이 아니라, 신앙의 중심에 있는 영적 태도다.
> 3) '감사'를 통해 우리는 하나님의 은혜를 기억하고, 어려움 속에서도 그의 선하심을 기억하며 공동체와의 관계를 강화하고, 더욱 성숙한 신앙으로 나아갈 수 있다.
> 4) '감사'는 하나님께서 선하신 분이며, 그의 섭리가 우리의 삶 가운데 역사하고 있음을 믿는 신앙의 표현이다.

2. 감사의 핵심 요소

1) **감사는 경배(敬拜)와 찬양의 일부** : 감사는 우리의 마음을 하나님께 향하게 하고, 하나님을 우리의 중심에 두는 예배 행위이다.

2) **감사는 하나님의 은혜에 대한 반응** : 성경에서 감사는 하나님이 베푸신 은혜와 자비에 대한 자연스러운 반응이다. "범사에 감사하라. 이는 그리스도 예수 안에서 너희를 향하신 하나님의 뜻이니라"(살전 5:18). 이 구절은 감사를 특정 상황이 아닌 '모든 상황'에서 해야 한다고 가르치고 있다.

3) **감사는 기쁨과 평안(平安)의 원천** : 감사는 우리의 삶에 기쁨과 평안을 준다. 그리고 감사는 어려움 속에서도 하나님의 선하심을 붙드는 신앙적 태도이다.

4) **감사는 공동체의 핵심적 요소** : 감사는 사람들 사이의 관계를 강화하고, 튼튼한 공동체를 세우는데 필수적인 중요한 역할을 한다.

5) **감사는 성숙한 신앙의 열매** : 감사는 영적 성숙의 표식이다. 신앙의 믿음이 깊어질수록 우리는 감사할 수 있는 능력이 커지고, 그것은 하나님과의 깊은 교제를 반영한다.

축복 (Blessing)에 대하여

1. 개념

> 1) 성경에서 말하는 '축복'이란 하나님의 은혜와 임재(臨在), 그리고 인간이 하나님과 맺는 올바른 관계에서 나오는 풍요로운 삶을 포괄하는 개념이다.
> 2) 성경에서 말하는 '축복'은 단순히 물질적 번영이나 세속적 성공을 의미하지는 않는다. 오히려 하나님의 은총 속에서 누리는 삶의 충만함을 뜻하는 것인 바, 이는 개인적 유익뿐 아니라 다른 이들에게도 하나님의 사랑을 나누고, 그의 뜻을 이루는 삶으로 연결되는 것을 의미한다.

2. 축복의 특징

1) 축복의 근원(하나님) : 성경에서 '축복'은 하나님께로부터 오는 것이다. 하나님은 '축복'의 근원이며, 그의 뜻과 계획안에서 '축복'은 주어진다,

2) 축복의 형태 : '축복'은 여러 가지 형태로 나타난다.

* 영적 축복 – 하나님과의 화목한 관계와 구원
* 물질적 축복 – 땅, 자손, 풍요로운 삶
* 관계적 축복 – 가족 간의 화목, 공동체 안에서의 사랑과 평화

3) 축복과 순종 : '축복'은 하나님의 말씀에 대한 순종과 깊은 관계가 있다. 순종은 하나님과의 언약을 이루는 중심적인 요소이며, 이를 통해 축복이 이루어진다.

4) 축복의 목적(하나님의 영광) : '축복'은 단순히 개인의 유익을 위한 것이 아니라, 하나님을 영화롭게 하고 그의 뜻을 이루기 위한 것이다.

5) 축복의 역설 : 그러나, 예수님이 선언하신 '산상수훈'(가난한 자, 애통하는 자, 온유한 자, 의를 위하여 박해 받는 자에게 복이 있다는 내용)은 역설적인 표현인 바, 이는 성경에서 말하는 '축복'이 단순한 물질적 번영을 넘어 하나님의 임재와 은혜 안에서 누리는 삶의 충만함에 있다는 것을 강조하기 위한 뜻으로 해석된다.

인생의 목적

1. 개념

> 1) 성경적 관점에서의 인생의 목적은 하나님과의 관계 회복과 그분의 영광을 위해 사는 것이라고 압축하여 설명할 수 있다.
>
> 2) 다만, 그 범위를 확대하여 인류 보편적 가치를 기준으로 '**인생의 목적**'을 정의한다면 다음과 같은 내용이 되리라 예상된다.

2. 인생의 목적은 무엇인가?

1) 자신의 존재가치를 발견하고 실현하는 것
2) 사랑하고 사랑받는 관계를 형성하는 것
3) 생명과 자연을 존중하고 보호하는 것
4) 다른 사람과 조화를 이루며 함께 살아가는 것
5) 삶의 기쁨과 아름다움을 발견하고 누리는 것
6) 지식과 지혜를 탐구하며 성장하는 것
7) 진실 되고 정직한 삶을 살아가는 것
8) 지속적인 성찰로 자신을 개선하는 것
9) 유산을 남기고 세상에 흔적을 남기는 것
10) 자신이 선택한 신앙이나 철학에 따르는 것
11) 자신의 신념과 가치를 실천하는 것
12) 꿈과 목표를 꾸준히 추구하는 것
13) 사회적 정의와 평등을 위해 노력하는 것
14) 세상에 긍정적인 변화를 일으키는 것
15) 자신의 능력을 최대한 개발하는 것
16) 행복의 진정한 의미를 발견하는 것
17) 감사와 겸손의 태도를 유지하는 것
18) 죽음을 준비하며 삶의 가치를 완성하는 것

성경과 자아(自我)의 치유

1. 자아의 치유란 무엇인가?

> 1) 성경에서 '자아의 치유'란 인간의 영적, 정서적, 그리고 관계적인 상처와 갈등을 해결하고, 온전한 모습으로 회복되는 과정을 말한다.
> 2) 성경의 관점에서 자아의 치유는 단순히 개인의 행복을 넘어서, 하나님과의 관계 회복을 통해 진정한 정체성과 평온을 찾는 것이라 할 수 있다.
> 3) 이는 믿음, 회개, 공동체, 그리고 하나님의 말씀을 통해 이루어지는 지속적인 과정인 바, 다음과 같은 몇 가지 핵심적인 관점에서 이해할 수 있다.

2. 핵심적인 관점

1) **자아의 상처와 분열의 원인** : 성경은 인간의 상처와 자아 분열의 근원을 원죄(原罪)와 관련된 것으로 보고 있다. 즉 아담과 하와의 불순종에 따른 하나님과의 관계 단절, 이로 인한 수치, 두려움, 그리고 자아의 왜곡이 시작되었다고 본다. 이런 죄(罪)의 결과로 인간은 자기 자신을 부정하는 등의 의식 불균형에 빠지게 된다.

2) **예수 그리스도를 통한 치유** : 성경에서 자아의 치유는 예수 그리스도를 통한 구원과 밀접하게 연결된다. 진리이신 예수 그리스도를 알게 될 때 인간은 왜곡된 자아가 회복되고 참된 자유를 누릴 수 있다.

3) **자아 치유의 과정** : 회복을 위한 첫걸음은 회개(悔改)이다. 다음은 '자아의 정체성 회복'과 '하나님의 사랑과 용서를 체험하는 것'이다.

4) **공동체를 통한 치유** : 성경은 개인적인 치유뿐 아니라 공동체적 치유의 중요성을 함께 강조한다(약 5:16). "그러므로 너희 죄를 서로 고백하며 병이 낫기를 위하여 서로 기도하라. 의인의 간구(懇求)는 역사하는 힘이 큼이니라." 그러므로 진실한 나눔과 중보기도는 자아 치유의 중요한 도구이다.

4) **치유의 완성(결과)** : 자아의 치유는 단순히 상처를 없애는 것이 아니라, 하나님의 형상을 회복하는 것을 목표로 한다. 성령의 열매는 치유 받은 자아가 드러내는 열매로, 하나님과 이웃과의 관계를 통해 구체적으로 나타나는 것이다.

성경과 상처의 치유

1. 상처의 치유란 무엇인가?

> 1) 성경은 인간의 상처와 고통에 대한 깊은 통찰을 제공하며, 이를 치유하는 영적이고 실질적인 방법을 제시한다.
> 2) 상처는 신체적, 정신적, 영적일 수 있으며, 성경은 이 모든 차원에서 치유의 메시지를 전달한다.

2. 핵심적인 관점

1) **하나님의 사랑과 위로** : 성경은 하나님의 무조건적인 사랑과 위로를 통해 상처받는 이들을 품어준다(시 34:18). "여호와는 마음이 상한 자에게 가까이 하시고, 충심으로 통회(痛悔)하는 자를 구원하시는 도다."

2) **예수 그리스도의 역할** : 예수님은 우리의 상처를 몸소 짊어지심으로 치유의 길을 열어주셨다(사 53:5). "그가 찔림은 우리의 허물 때문이요, 그가 상함은 우리의 죄악 때문이라. 그가 징계를 받으므로 우리는 평화를 누리고, 그가 채찍을 맞으므로 우리는 나음을 받았도다."

3) **회복의 과정** : 성경은 회복이 단번에 이루어지기보다 하나님의 은혜 안에서 지속적이고 점진적으로 이루어진다고 가르친다.

4) **공동체를 통한 치유** : 교회와 공동체는 상처받은 자들을 돕고 치유하는 중요한 역할을 한다(약 5:16). "그러므로 너희 죄를 서로 고백하며 병 낫기를 위하여 서로 기도하라. 의인의 간구는 역사하는 힘이 크니라."

5) **용서와 화해** : 상처를 치유하는 중요한 단계는 용서이다. 용서는 우리를 상처에서 자유롭게 하고, 치유의 길로 나아가게 한다(마 6:14~15). "너희가 사람의 잘못을 용서하면 너희 하늘 아버지께서도 너희를 용서하시려니와"

6) **결론** : 성경은 상처를 인간적인 한계로 보지 않고, 이를 통해 하나님의 은혜와 사랑을 경험하는 통로로 여긴다. 고통의 순간에도 하나님은 우리의 회복을 위한 계획을 가지고 계시며, 예수님을 통해 완전한 치유와 평안을 약속하신다.

성경과 관계의 치유

1. 개념

> 1) 성경은 깨어진 관계를 회복하고, 건강한 관계를 유지하는 방법을 가르친다.
> 2) 인간은 관계 속에서 상처를 받기도 하지만, 또한 서로의 관계를 통해 치유를 경험할 수도 있다.
> 3) 성경은 하나님과의 관계를 회복하는 것이 모든 관계 치유의 시작임을 강조하고 있다. 용서와 화해, 사랑과 겸손, 그리고 열린 대화를 통해 우리는 깨어진 관계를 회복할 수 있다.

2. 핵심적인 관점

1) 하나님과의 관계 회복 : 하나님과의 관계가 깨어지면 인간의 다른 모든 관계도 불균형에 빠지게 된다. 또한 하나님과의 화목은 예수 그리스도의 희생을 통해 이루어졌으며, 이 관계가 회복될 때 우리는 다른 관계에서도 화평을 이룰 수 있는 힘을 얻게 된다.

2) 용서와 화해의 원리 : 관계 치유의 핵심은 용서와 화해이다. 용서는 단순히 상처를 묻어두는 것이 아니라, 적극적으로 화해를 이루고 관계를 재건하는 과정이다.

3) 사랑과 겸손의 실천 : 관계의 치유는 사랑과 겸손으로 이루어진다. 사랑과 겸손은 관계의 갈등을 해소하고, 화합의 기초를 다지는 힘이 된다.

4) 대화와 이해 : 성경은 관계의 치유를 위해 열린 대화와 이해가 필요함을 가르친다. 상대방의 이야기를 경청하고, 자신의 감정을 조심스럽게 표현하게 한다.

5) 공동체 안에서의 치유 : 성경은 교회와 성도의 공동체를 관계의 치유를 위한 중요한 장으로 제시한다.

6) 갈등의 관리 : 성경은 갈등을 부인하지 않고 이를 잘 다스리는 방법을 제시한다. 즉 갈등 상황에서 직접적인 대화와 증인의 도움을 통한 해결책을 제안하신다.

예수님이 '하나님의 아들' 인 증거(1)

1. 개념

> 1) 기독교의 토대는 예수님이 '하나님의 아들'이라는 전제 위에서 출발
> 한다.
> 2) 예수님이 하나님의 아들이라는 증거는 성경의 많은 구절들에 산재한다.
> 3) 이 모든 증거들은 성경에 기록된 내용과 역사적 사건들에 뿌리를 두
> 고 있는 바, 예수의 신성과 사역을 확증하고 있다.

2. 예수님이 '하나님의 아들'이 되신 증거

1) 성령(聖靈)의 잉태와 증거 : 예수님께서는 성령으로 잉태되었으며, 그의
삶과 사역 속에서 성령의 능력과 임재가 확실히 나타남(눅 4:18~21).

2) 동정녀(童貞女) 탄생 : 예수는 성령으로 잉태되어 동정녀 마리아에게서
태어나심(마 1:18~23).

3) 천사(天使)의 증거 : "천사가 대답하여 이르되, 나실 바 거룩한 이는 하나
님의 아들이라"(눅 1:35).

4) 하나님의 증거 : "하늘로부터 소리가 있어 말씀하시되, 이는 내 사랑하는
아들이요, 내 기뻐하는 자라"(마 3:17).

5) 마귀의 증거 : "귀신들이 나가며 소리 질러 이르되, 당신은 하나님의 아
들이니이다"(눅 4:41).

6) 부활(復活)의 증거 : 죽은 자 가운데서 부활하심으로 하나님의 아들로 공
인되심(롬1:4; 고전 15:4).

7) 세례 요한의 증거 : "내 뒤에 오시는 그는 성령으로 세례를 베푸시리라."

8) 베드로의 증거 : "시몬 베드로가 대답하여 이르되, 주는 그리스도시오 살
아계신 하나님의 아들이시니이다"(마 16:16).

9) 사도 바울의 증거 : "죽은 자들 가운데서 부활하사 능력으로 하나님의 아
들로 선포되셨으니, 곧 우리 주 예수 그리스도시니라"(롬 1:4).

예수님이 '하나님의 아들'인 증거(2)

10) 배에 있은 사람들의 증거 : "배에 있는 사람들이 예수께 절하며 이르되, 진실로 하나님의 아들이로소이다"(마 14:33).

11) 나다니엘의 증거 : "나다니엘이 대답하되 랍비여! 당신은 하나님의 아들이시오 이스라엘의 임금이로소이다"(요 1:49).

12) 자신의 증거 : "나의 아버지는 하나이니라"(요 10:30).

13) 이적(異蹟)을 행하심으로 증거 : " 예수께서 들어가사 소녀의 손을 잡으시매, 죽은 소녀가 일어나는지라"(마 9:25).

14) 성경의 예언 성취 : 구약성경의 예언이 예수 안에서 이루어짐(사 7:14; 미가 5:2).

15) 죄 사(赦)함의 권세 : 예수께서 죄를 사하시는 권세를 가지심으로 하나님 아들임을 입증하심(막 2:5~7).

16) 자신의 신성을 직접 선언 : 예수는 자신을 하나님의 아들이라 선언하셨고, 유대인들이 이를 신성모독으로 간주함(요 10:36).

17) 성령의 증거와 제자들의 증언 : 성령의 능력으로 초대교회가 세워지고, 예수의 부활과 신성을 담대히 증언함(행 2:32~33).

18) 세례 시 하나님의 음성 : 예수께서 세례를 받으실 때 하늘에서 "이는 내 사랑하는 아들이라"는 하나님의 음성이 들림(마 3:17).

19) 변화 산 사건 : 변화 산에서 예수의 영광스러운 모습이 드러났고, 하나님의 음성이 다시 증거함(마 17:5~8).

20) 인류에 대한 구원의 성취 : 예수는 하나님의 아들로서 인류의 죄를 대신 담당하시고 영원한 구원을 이루셨음(요 3:16~17; 히 5:9).

하나님의 임재(臨在, presence of God)

1. 개념

> 1) 하나님께서 우리 가운데 계시며, 우리와 함께 하신다는 것을 뜻한다.
> 2) 하나님의 임재는 단순한 개념이 아니라, 신자들이 실제로 경험하고 누릴 수 있는 영적 현실이다. 예배와 기도, 말씀을 통해 그분과 동행하며, 성령의 인도하심 속에서 하나님의 임재를 체험할 때 우리는 더욱 풍성한 신앙의 삶을 살 수 있는 것이다.

2. 하나님의 임재를 경험하는 방법

1) 예배를 통해 : 참된 찬양과 경배(敬拜) 가운데 하나님은 임재 하신다.
(시 22:3) "이스라엘의 찬송 중에 계시는 주여 주는 거룩하시니이다."
2) 기도를 통해 : 기도를 통해 하나님과 친밀한 교제를 나눌 수 있다.
(렘 29:12-13) "너희가 내게 부르짖으며 와서 기도하면, 내가 너희들의 기도를 들을 것이요."
3) 말씀을 통해 : 말씀을 묵상할 때 하나님의 음성을 들을 수 있다.
(히 4:12) "하나님의 말씀은 살아 있고 활력이 있어"
4) 공동체 안에서 : 성도와의 교제 속에서 하나님의 임재를 경험할 수 있다.
(마 18:20) "두세 사람이 내 이름으로 모인 곳에는 나도 그들 중에 있느니라."

3. 하나님 임재의 유형

1) 보편적 임재 : 시공간을 초월하여 어디에나 계신다.
2) 인격적 임재 : 특정한 사람들과 직접적으로 함께 하신다.
3) 영광의 임재 : 불기둥과 구름기둥, 변화 산 사건 등이 이에 해당한다.
4) 성령의 내재하심(내적 임재) : 예수님 이후 성령께서 신자들 안에 거하신다.

선교와 복음전파

1. 개념

1) **선교(宣敎, Mission)란** 예수 그리스도의 복음을 모든 민족과 사람들에게 전하는 사명을 말하는 바, 이는 단순한 전도가 아니라 문화, 사회, 교육, 의료 등 다양한 방법을 통해 하나님의 나라를 확장하는 일이다.

2) **복음전파란** 예수 그리스도의 구원 메시지를 다른 사람들에게 직접 전하는 행위를 말한다.

2. 선교의 주요 특징

1) 보냄을 받는 사명

2) 문화적, 사회적 접근

3) 장기적 사역

4) 선교 대상은 특정지역이나 민족을 포함한 세계

5) 선교의 예시로는 의료선교, 교육선교, 구제활동 등

3. 복음전파의 주요 특징

1) 말씀 중심 : 직접적으로 예수 그리스도의 십자가와 부활을 전한다.

2) 개인적 접근 : 1대1 접근, 간증, 설교 등을 통해 이루어진다.

3) 즉각적인 결과 : 복음을 들은 사람이 결단하고 예수님을 믿도록 돕는다.

4) 선교 대상은 개인 또는 지역사회

5) 선교의 예시로는 노방전도, 1대1 전도, 복음집회 등

4. 결론

1) 선교와 복음전파는 모두 하나님의 나라를 확장하는 사역(使役)이다.

2) 복음전파는 개인적인 차원에서 예수님의 복음을, 선교는 더 넓은 차원에서 하나님의 사랑을 전하는 것인 바, 둘 다 성경이 명령한 중요한 사역으로 모든 신자는 이 일에 동참해야 한다.

공관복음 VS 요한복음

1. 개념

 1) 공관복음(마태, 마가, 누가복음)은 예수님의 사역과 인간적인 면을 기록하면서 역사적인 흐름을 따라가지만, 요한복음은 신학적으로 깊이 있는 내용과 예수님의 신성을 강조한다.
 2) 한편 요한복음은 단순한 사건 기록을 넘어 예수님이 누구인가를 더욱 심오하게 묵상하도록 인도한다.
 3) 따라서 신자들이 공관복음과 요한복음 중 어느 복음서에 중심을 둬야 하는 지는 신앙의 단계와 목적에 따라 달라질 수 있다.

2. 공관복음과 요한복음의 중요한 차이점

1) 강조하는 점
* 공관복음은 예수님의 인간적인 면과 공적 사역(역사적인 활동)을 강조한다.
* 요한복음은 예수님의 신성을 강조하며 믿음을 통한 영생을 강조한다.

2) 예수님의 정체성
* 공관복음에서 예수님은 주로 '**인자**'라는 표현을 사용하며, 자신의 신성을 직접적으로 강조하는 표현이 적다.
* 요한복음에서 예수님은 자신을 "**나는 ~ 이다**"(나는 떡이다 등)라고 직접 선언하시며 신성을 강조한다.

3) 예수님의 공생애 기간
* 공관복음은 대략 1년으로, 주로 갈릴리 지역에서 활동하심.
* 요한복음은 대략 3년으로, 예루살렘에서의 활동이 강조됨.

4) 예수님의 설교 방식
* 공관복음은 예수님의 가르침이 짧고 명확한 비유로 전달되는 경우가 많다.
* 요한복음은 긴 강론 형식으로 나타나며 "**나는 ~ 이다**"라는 선언이 반복됨.

신자들이 복음서를 공부하는 순서
(전문가 다수의 의견을 참고함)

1. 개념

> 1) 전체 성경 66권 중 핵심은 4대 복음서가 중심이다. 때문에 초신자들이 성경을 공부하는 순서가 매우 중요하다고 본다. 필자는 창세기부터 필사하는 방식으로 접근하였는바, 무척 고생을 하였고 '숲'을 보기까지 많은 우여곡절을 겪었다.
> 2) 다음은 다수 전문가들의 의견이지만, 필자도 그 내용에 이견은 없다.

2. 초신자의 경우(공관복음 중심)

1) 읽는 순서 : 마가복음 -〉 마태복음 -〉 누가복음
2) 근거 이유
 * 공관복음은 예수님의 가르침을 이해하고 신앙의 기초를 다지는 데 유용하다.
 * 공관복음은 예수님의 생애와 사역을 역사적으로 정리하며, 기본적인 신앙의 기초를 제공한다.
 * 특히 마가복음은 가장 짧고 사건 중심으로 기록되어 있어 이해하기 쉽다.
 * 마태복음은 예수님이 메시야이심을 강조하며, 가장 정교하게 서술되어 있다.

3. 신앙이 깊어질수록 (요한복음 중심)

 * 요한복음은 예수님의 신성(神性)과 영(靈)적인 의미를 강조하며, 단순한 사건 기록이 아니라 신학적이고 깊이 있는 메시지를 담고 있다.
 * 요한복음은 예수님을 더 깊이 알고, 신앙의 성숙을 이루도록 돕는 복음서이다.

4. 성숙한 신자

 * 공관복음과 요한복음을 균형 있게 읽고, 서로를 비교해 보기를 추천한다.
 * 공관복음이 기초라면, 요한복음은 깊이이다. 함께 읽으며 신앙의 균형을 유지하는 것이 중요하다.

하나님의 정의와 심판

1. 개념

> 1) 하나님의 정의와 심판은 성경 전체를 관통하는 중요한 주제다. 하나님의 정의는 완전하며, 그 정의는 반드시 심판을 통해 드러난다.
> 2) 성경은 하나님의 정의와 심판이 인간의 역사 속에서 어떻게 실현되는 지를 여러 차례 보여주고 있다.
> 3) 그러나, 하나님은 심판을 통해 단순히 벌하시기 위한 것이 아니라, 인간이 돌이켜 생명을 얻도록 인도하시는 사랑의 하나님이시다.

2. 하나님의 정의(justice)는 무엇인가?

1) 하나님의 정의는 단순히 인간적인 공정함이 아니라, 하나님의 성품과 뜻에 따른 절대적 의로움이다.

2) 하나님 정의의 속성은 다음과 같다.

* 절대적인 의로움
* 완전한 판단
* 자비(慈悲)와 공의(公義)의 조화

3. 하나님의 심판(judgment)은 어떻게 이루어지는가?

1) 역사 속의 하나님의 심판

* 노아 홍수, * 소돔과 고모라, * 바벨론 포로 등

2) 최후의 심판

* 백보좌 심판 : 모든 죽은 자들이 하나님 앞에서 행한 대로 심판을 받는다.

* 양과 염소의 심판 : 사람들은 양(의인)과 염소(악인)로 나누어 심판을 받는다.

4. 하나님의 심판을 피할 수 있는 길은 무엇인가?

1) 예수 그리스도를 통하여 구원을 받는 길

2) 회개와 믿음을 통하여 심판에서 벗어나 하나님의 자녀가 되는 길

3) 하나님의 말씀을 따르는 삶을 통하여 심판을 피하는 길

새 하늘과 새 땅

1. 개념

1) '**새 하늘과 새 땅**'은 성경에서 종말론적 희망을 상징하는 개념으로, 최후의 심판 이후 하나님께서 새롭게 창조하실 완전한 세계를 의미한다.

2) 이 개념은 죄와 죽음, 고통이 사라지고 하나님이 직접 통치하시는 영광스러운 새 창조를 의미한다.

3) 결국 이는 하나님의 종말론적 구원 계획이 성취되고, 그의 백성들이 완전한 새 창조 속에서 영원한 생명을 누리는 신학적 희망을 뜻하는 것이다.

4) '**새 하늘과 새 땅**'은 사 65:17과 계 21:1에서 언급함.

2. 신학적 의미

1) 하나님의 구원 계획의 완성. 궁극적 성취

2) 종말 이후의 '**새 창조**' 새로운 세계를 의미함

3) 죄와 죽음의 종말, 즉 죄, 죽음, 고통이 없는 완전한 세상

4) 하나님의 직접적인 통치가 이루어짐

5) 하나님의 완전한 의(義)의 통치가 이루어짐

6) 하나님의 주권적 능력의 증거

7) 영원한 생명과 거룩함이 중심이 된다.

8) 모든 신자의 최종적 소망과 목적지

9) 새 언약의 성취, 희망과 위로의 상징

10) 단순한 지상의 회복이 아닌 새로운 창조 질서가 확립된다.

가장 신학적인 성경구절(AI 선정)

1. 개념

> 1) 전체 성경에서 신학적으로 가장 중요하다고 여겨지는 구절임.
> 2) 이 구절들은 성경 신학의 주요 교리를 형성하며, 그리스도인들의 신앙과 삶에 중심적인 역할을 수행하고 있다.

2. 신학적으로 가장 중요한 성경구절

1) 구약성경

* (창 1:1) "태초에 하나님이 천지를 창조하시니라."
* (창 12:2-3) "내가 너로 큰 민족을 이끌고 네게 복을 주어 창대하게 하리니 너는 복이 될지라."
* (출 3:14) "하나님이 모세에게 이르시되, 나는 스스로 있는 자니라."
* (출 20:2-3) "나는 너를 애굽 땅, 종 되었던 집에서 인도하여 낸 네 하나님 여호와라, 너는 나 외에는 다른 신들을 네게 두지 말라."
* (시 23:1) "여호와는 나의 목자시니, 내가 부족함이 없으리로다."
* (잠 3:5-6) "너는 마음을 다하여 여호와를 신뢰하고"

2) 신약성경

* (마 28:19-20) "그러므로 너희는 가서 모든 민족을 제자로 삼아"
* (요 1:1) 태초에 말씀이 계시니라."
* (요 3:16) "하나님이 세상을 이처럼 사랑하사"
* (요 14:6) "예수께서 이르시되, 내가 곧 길이요, 진리요, 생명이니"
* (행 4:12) "다른 이로써는 구원을 받을 수 없나니"
* (롬 3:23-24) "모든 사람이 죄를 범하였으매"
* (고전 15:3-4) "그리스도께서 성경대로 우리 죄를 위하여 죽으시고"
* (엡 2:8-9) "너희는 그 은혜에 의하여 믿음으로 구원을 받았으니"

가장 철학적인 성경구절(AI 선정)

1. 개념

> 1) 이 구절들은 시대와 공간을 초월하여 인간의 근본적 질문에 답을 모색하게 하며, 철학적 사유와 성찰의 출발점이 될 수 있다.
> 2) 이들은 인간의 존재, 시간, 고통, 사랑, 지혜 등 깊은 주제를 탐구하는 데 매우 적합하고 유효하다.

2. 철학적으로 가장 중요한 성경구절

1) 구약성경

* (욥 1:21) "내가 모태에서 알몸으로 나왔사온즉 또한 알몸이 그리로 돌아가"
* (욥 14:1) "여인에게서 태어난 사람은 생애가 짧고 걱정이 가득하며"
* (잠 16:9) "사람이 마음으로 자기의 길을 계획할지라도 그의 걸음을 인도하시는 이는 여호와시니라"
* (전 1:2) "헛되고 헛되며 헛되고 헛되니 모든 것이 헛되도다."
* (전 3:1) "범사에 기한이 있고 천하만사가 다 때가 있나니"

2) 신약성경

* (마 6:34) "그러므로 내일 일을 위하여 염려하지 말라. 내일 일은 내일 염려할 것이요 한 날의 괴로움은 그 날로 족하니라."
* (요 1:1) "태초에 말씀이 계시니라 이 말씀이 하나님과 함께 계셨으니 이 말씀은 곧 하나님이시니라."
* (요 8:32) "진리를 알지니 진리가 너희를 자유롭게 하리라."
* (고후 4:18) '우리가 주목하는 것은 보이는 것이 아니요. 보이지 않는 것이니, 보이는 것은 잠깐이요 보이지 않는 것은 영원함이라."
* (히 11:1) "믿음은 바라는 것들의 실상이요 보이지 않는 것들의 증거니"
* (벧후 3:8) "주께는 하루가 천 년 같고, 천 년이 하루 같으니라."
* (계) 21:6) "나는 알파요 오메가요, 처음과 마지막이라."

가장 문학적인 성경구절(AI 선정)

1. 개념

 1) 성경은 다양한 문학적 장르로 이루어 졌으며, 시(詩)적인 아름다움과
철학적 깊이를 가진 구절들이 많다.
 2) 다음은 그 중에서 문학적으로 가장 깊이 있는 성경구절을 뽑은 것이다.

2. 문학적으로 가장 중요한 성경구절

 ### 1) 구약성경

 * (창 1:1) "태초에 하나님이 천지를 창조하시니라."

 * (시 23:1~2) "여호와는 나의 목자시니 내가 부족함이 없으리로다. 그가
나를 푸른 초장에 누이시며, 쉴만한 물가로 인도하시는 도다."

 * (전 3:1) "범사에 기한이 있고, 천하 만사가 다 때가 있나니"

 * (사 40:8) "풀은 마르고 꽃은 시드나, 우리 하나님의 말씀은 영원히 …"

 * (욥 12:7~8) "짐승에게 물어보라, 그것들이 네게 가르칠 것이요, 공중의
새에 물어보라, 그것들이 네게 알게 하리라."

 * (잠 4:23) "무릇 지킬 만한 것보다 더욱 네 마음을 지키라. 생명의 근원이
이에서 남이니라."

 ### 2) 신약성경

 * (마 5:14~15) "너희는 세상의 빛이라. 산 위에 있는 동네가 숨겨지지 못
할 것이요, 사람이 등불을 켜서 말 아래 두지 아니하고 등경 위에 두나니 …"

 * (요 1:1) "태초에 말씀이 계시니라. 이 말씀이 하나님과 함께 계셨으니
이 말씀은 곧 하나님이시니라."

 * (고전 13:12) "우리가 지금은 거울로 보는 것 같이 희미하나, 그때에 얼
굴과 얼굴을 대하여 볼 것이요."

 * (엡 5:25) "남편들아, 아내 사랑하기를 그리스도께서 교회를 사랑하시고
그 교회를 위하여 자신을 주심 같이 하라."

부 록

성경책에 자주 나오는 기본 용어(用語) 1,200

〈ㄱ〉

* 가라사대(says that) : 말씀 하시기를, 말씀 하시되

* 가라지 : 알곡이 아닌 쭉정이, 잡초나 쓸모없는 풀

* 가로되(say) : 말하되, 말하기를, 가라사대(say).

* 가속(家屬, folks) : 집안의 식구(살붙이)

* 가증(可憎, hateful, abominable) : 괘씸하고 얄미움

* 가책(呵責, severe scolding) : 자신이나 타인의 잘못을 꾸짖는 행위

* 간고(艱苦, hardships) : 가난과 고생, 형편이 가난하고 몹시 고생스러움

* 간과(看過, overlooking) : 어떤 문제나 현상 따위를 대강으로 넘어감

* 간구(懇求, beg, earnest, request) : 간절히 구하다, 간절히 바라다

* 간사(奸邪, slyness) : 성질이 간교하고 행실이 나쁨

* 간악(奸惡, wickedness, treacherous) : 간사스럽고 악독함

* 갈급(渴急, impatience) : 목이 마르듯이 몹시 조급한, 몹시 급한 갈증

* 갈라내다(sort out) : 심판할 때 양과 염소를 갈라 세우듯, 구별하여 나누게 하다

* 감당(堪當, ability) : 어떤 일이나 사실을 견디어 내거나 받아들임

* 감사제물(感謝祭物, thank offerings) : 감사제에 바친 제물(양, 소, 비둘기 등)

* 갑주(甲胄, helmet and armour) : 갑옷과 투구

* 강보(襁褓, baby's quilt) : 포대기, 어린 아이를 덮거나 업는 데 쓰는 작은 이불

* 강포(强暴, ferocity) : 우악스럽고 사나움, 완강하고 포악함

* 개의(介意, caring about) : 마음에 두다, 신경을 쓰거나 관심을 두다

* 거듭나다(born again) : 영적으로 새 사람이 되는 일

* 거룩하신 자(God) : 하나님, 그리스도, 신성하거나 신적인 존재

* 거룩한 자(holy one) : 경건한 자, 하나님, 그리스도

* 거룩한 땅(holy land) : 예루살렘, 가나안 땅, 시내 산

* 거룩한 백성(holy people) : 이스라엘, 구속받은 성도

* 거룩한 성(holy jerusalem) : 하나님의 도성, 하늘나라, 예루살렘

* 거룩한 안식일(holy sabbath) : 안식일의 거룩함을 강조하는 말

* 거짓 그리스도(false christ) : 스스로 그리스도라 자처하는 자

* 거짓 사도(false apostles) : 하나님에게 받은 사명 없이 사도로 행세하는 자

* 거짓 선생(false teacher) : 진리가 아닌 것을 진리인양 가르치는 사람

* 거짓 선지자(false prophets) : 스스로 선지자인척 하면서 속이는 자

* 거짓 증거(false testimony) : 법정에서 사실과 어긋나는 것을 사실인양 꾸며 말함

* 거짓 형제(false brothers) : 진리를 따르지 아니하는 자(참된 형제의 반대)

* 거치는 것(obstacle) : 복음과 신앙에 장애가 되는 것을 말함.

* 거(居)하다(dwell) : 어떤 곳에 머물러 살다(성도가 영원히 거할 곳은 하늘나라다)

* 게헨나(gehenna) : 내세의 '지옥'을 뜻하며, 종말론에서 죽은 뒤 저주받아 가는 곳 일컬음

* 격절(隔絶, isolation) : 사이가 떨어져 연락이 아니 됨

* 경건(敬虔, godliness) : 속된 생각을 끊고 오로지 하나님만을 생각하는 태도

* 경겁(驚怯, awe) : 놀라서 겁을 냄, 몹시 놀라서 무서워하다

* 경겁(驚劫, fear) : 놀라서 두려워하는 것, 공포와 놀람이 혼합된 감정

* 경만(輕慢, arrogation) : 업신여겨 모욕함, 교만한 마음에서 남을 하찮게 여김

* 경만한 자(scoffers) : 하나님을 비웃거나, 빈정대거나, 조롱하는 자

* 경박(輕薄, frivolousness) : 말과 행동이 가볍고 신중하지 못함

* 경배(敬拜, bowing respectively) : 공경의 뜻을 표시하기 위하여 공손히 절함

* 경외(敬畏, fear, reverence) : 공경하고 두려워 함(대상은 하나님)

* 계시(啓示, revelation) : 하나님이 인간에게 자신을 드러내 보이는 일

* 고명(高明, noble) : 식견이 높고 사물에 밝음, 품위가 높고 지혜로움

* 곤고(困苦, hardships) : 곤란하고 괴로움, 어렵고 고생스러움

* 곤고한 자(sorrowful) : 어려움을 겪는 사람, 가난한 사람

* 곤궁(困窮, poverty) : 생활이 매우 가난하고 어려움, 곤란하고 궁핍한 상황

* 곤비(困憊, fatigue) : 곤핍, 몸과 마음이 피곤하고 지쳐 기운이 없는 상태

* 곤욕(困辱, extreme insult, contempt) : 참기 힘든 심한 모욕

* 곤핍(困乏, fatigue) : 아무것도 할 힘이 없을 만큼 지치고 고단함

* 골육(骨肉, bone and flesh) : 혈통이 같은 부자나 형제, 뼈와 살

* 공관복음(共觀福音, Synoptic Gospels) : 기사 내용이 비슷한 세복음서를 말함

* 공도(公道, justice) : 공평하고 바른 도덕, 떳떳하고 당연한 이치

* 공세(貢稅, tribute) : 나라에 바치는 세금, 조공, 공물

* 공의(公義, justice) : 창조의 목적을 달성하기 위하여 세운 언약의 법

* 공회(公會, council) : 공식적인 일로 인하여 생긴 모임

* 공회원(公會員, council member) : 공회에 참석할 구성원

* 공효(功效, effect) : 공을 들인 보람, 어떤 일을 한 뒤에 돌아오는 좋은
  결과

* 관속(官屬, guards) : 옛날 지방관청의 아전과 하인

* 괘념(掛念, noun) : 무엇인가를 마음에 두고 걱정하거나 염려함

* 교만(驕慢, haughtiness) : 겸손하지 않고 뽐내어 방자함 (겸손의 반대말)

* 교만한 자(proud) : 하나님과 맞서려는 사람, 거만한 자

* 교법사(敎法師, Teachers of the Law) : 교리를 가르치는 스승

* 교자(轎子, litter) : 덮개 있는 수레, 가마

* 구속(救贖, salvation) : 그리스도가 죄악에서 인류를 구원해 내는 일

* 구속자(救贖者, Redeemer) : 죄악에서 인류를 구원해 주신 그리스도를
  말함

* 구원(救援, salvation) : 하나님의 은혜로 죄악과 고통에서 건져주심

* 구원자(救援者, saviour) : 죄악에서 건져주는 사람(여호와, 그리스도)

* 구주(救主, saviour) : 인류를 구원한 예수 그리스도, 선(善)하신 구세주

* 군호(軍號, sign) : 군 작전에 쓰이는 암호(깃발, 연기, 소리 등)

* 굽어 살피사(looks down) : 아랫사람을 도우려 살피심

* 궁창(穹蒼, firmament) : 높고 맑게 갠 푸른 하늘, 창공, 우주공간

* 궁핍(窮乏, want, needy) : 살림살이가 몹시 가난하고 어려움

* 권능(權能, authority of power) : 하나님께서 피조물에 행사하시는 힘

* 권면(勸勉, encouragement) : 남을 알아듣도록 타일러서 선 한 일에 힘쓰게 함

* 권속(眷屬, family) : 한 집안의 식구, 하나님의 가족을 나타내는 말

* 귀순(歸順) : 적이었던 사람이 반항하지 않고 따라와 순종함

* 규례(規例, ordinance, statute) : 일정한 규칙, 법규, 본보기 예

* 그리스도 안에서(in Christ) : 그리스도와의 동행을 뜻 한다

* 금신(金神, god of gold) : 금으로 만든 우상, 헛된 것

* 긍휼(矜恤, mercy) : 비참한 상태에 있는 사람을 불쌍히 여기고 도와 줌

* 기갈(飢渴, starvation, hunger and thirst) : 굶주림과 목마름

* 기도(祈禱, prayer) : 하나님께 예수님의 이름으로 감사와 소망을 아뢰는 것

* 기사(奇事, miracle) : 기이한 일, 이적(異蹟)

〈ㄴ〉

* 남색(男色, sodomy) : 남자끼리 하는 성행위

* 낭패(狼狽, failure) : 일이 잘못되어 당황하게 됨, 궁지에 몰려 곤란해짐

* 낮은 자(the lowly) : 천한 사람, 업신여김을 받는 사람

* 내응(內應, secret communication) : 비밀히 내부에서 적과 통함, 내통

* 노경(老境, old age) : 늙바탕, 노년이 되어 맞는 삶의 상태나 처지를 의미함

* 능하신 자(potentate) : 예수 그리스도를 가리키는 말

* 능한 자(chiefmen, mighty one) : 지도자 또는 왕에 대하여 씌어진 말

* 늦은 비(later rain) : 시기적으로 봄비를 말함(약력 3, 4월에 내리는 소중한 비)

〈ㄷ〉

* 다름없다(same) : 같다(비교하여 보아 다름이 없다)

* 단련(鍛鍊, refine) : 몸과 마음을 닦아 익숙하게 함

* 단정(斷定, judgement) : 딱 잘라서 말함, 판단

* 달란트(talent) : 성경에 나타난 돈의 단위, 성도들에게 맡긴 기회와 능력의
  상징

* 담대(膽大, bold) : 담력이 큼, 겁이 없이 용기가 대단함

* 담론(談論, talk) : 서로 말을 주고받으며 논의함

* 당(堂, shrine) : 사당, 절(寺)

* 당시(當時, that time) : 일이 생긴 그때, 어떤 일이 일어나던 바로 그때

* 당처(當處, actual spot, that place) : 어떤 일이 일어난 그 자리

* 당황(唐慌, confusion, panic, embarrassment) : 놀라서 어찌 할 줄을 모름

* 대강(大綱, roughly) : 약(約), 대충, 대개, 대략, 자세하지 않고 기본적인
  정도로

* 대금(貸金, loan) : 꾸어준 돈, 돈 놀이

* 대노(大怒, wild rage, great wrath) : 몹시 화를 냄

* 대대(代代, successive generations) : 거듭된 세대, 세세(世世)

* 대략(大略, sum, outline) : 대강, 대충, 줄거리만 추려서 간략하게

* 대맥(大麥, barley) : 보리, 볏과에 속한 두해살이 풀

* 대속(代贖, atonement) : 값을 지불하고 형벌과 죄에서 구원함

* 대속물(代贖物, ransom) : 죄와 형벌을 구하기 위해 내는 값(어린 양, 예수
  의 몸)

* 대언자(代言者, prophet) : 대변자, 변호사, 남을 대신하여 말해 주는 사람

* 대연(大宴, grand feast) : 큰 잔치, 여러 사람이 모여 성대하게 베푸는 연회

* 대장장이(smith) : 쇠를 달구어 온갖 가구와 연장을 만드는 일을 하는 사람

* 대저(大抵, generally) : 대체로 보아서, 무릇, 대개

* 대제사장(大祭司長, high priest) : 제사하는 일을 담당하는 우두머리 직분

* 대주재(大主宰, the Lord) : 하나님, 주 예수, 큰 임금

* 대질(對質, confrontation) : 말이 서로 어긋날 때 타인 앞에서 대면 시켜 따짐

* 대취(大醉, dead drunkenness) : 만취, 술에 몹시 취함

* 더미(heap, pile) : 큰 덩어리, 무더기, 많은 물건이 한데 모여 쌓인 큰 덩어리

* 덕행(德行, virtue) : 어질고 착한 행실, 덕성스러운 행실

* 덧뿌리다(sowed) : 씨를 뿌린 위에 다른 씨를 더 뿌리다

* 도랑(ditch) : 작고, 폭이 매우 좁은 개울, 작고 얕은 물길, 배수로

* 도리(道理, truth) : 사물의 정당한 이치, 사람이 지켜야 할 바른 길

* 도리어(on the contrary, instead, rather) : 오히려, 차라리

* 도말(塗抹, paint out) : 성경에서는 기억에서 조차 지워버리는 것을 말함

* 도백(道伯, governor) : 지방행정의 장을 뜻함, 지금의 도지사를 예스럽게
  칭함

* 도살(屠殺, slaughter) : 도륙, 사람이나 짐승을 마구 잡아 죽이는 일

* 도성(都城, capital city) : 왕이 살고 있는 왕성, 가장 중심이 되는 도시

* 도수장(屠獸場) : 도살장과 같은 말, 가축 따위나 짐승을 잡는 곳

* 도읍(都邑, capital, reign) : 서울, 예전에, 한 나라의 수도를 이르던 말

* 도주(逃走, escape, flee, run) : 피하거나 쫓겨서 달아남, 도망

* 도피성(逃避城, city of refuge) : 살인자가 피하도록 지정한 성(피의 복수
  방지)

* 도피처(asylum) : 일시적인 보호를 받기 위한 곳(도피성과 제단은 도피처다)

* 독생(獨生, only begotten) : 스스로 계신 그리스도의 탄생

* 독생자(獨生子, the only Son) : 하나님의 외아들 이라는 뜻으로 예수를 말함

* 독자(獨子, only son) : 외아들

* 돌감람나무(wild olive) : 야생하는 감람나무(이방인을 뜻한다)

* 돌로치다(stoning) : 구약 시대의 사형 집행의 한 방법

* 돌보다(care for, take care of) : 뒤를 보살펴 주다, 보살펴 부양하거나
수발함

* 돌비(stone tablet) : 석비, 하나님이 모세에게 주신 십계명 돌비

* 돌입(突入, inrush) : 마구 뛰어 들어감, 세찬 기세로 갑자기 뛰어듦

* 돌질(stoning) : 돌멩이질, 돌을 던지는 행위

* 돌쩌구(hinge) : 문짝을 문설주에 달아 여닫게 하는 쇠붙이

* 돌판(tables of stone) : 넓적하게 다듬은 돌(증거판, 언약의 돌판 등)

* 돐(full year) : 1 주년, 어느 한 해가 돌아온 그 날

* 동네(town, city) : 자기가 사는 집의 근처, 여러 사람이 모여 사는 마을

* 동리(洞里, village) : 동네, 마을, 주로 시골에서 여러 가구가 모여 사는 마을

* 동산(garden) : 아름답게 꾸민 곳(에덴을 가리키는 말)

* 동생(同生, younger brother, younger sister) : 아우나 손아래 누이

* 동역자(同役者, fellow of workers) : 같은 목적의 일을 하는 사람

* 동정(同情, kindness, compassion) : 남의 어려움을 가엽게 여기고 도움을
베품

* 동트다(dawn, arise) : 동쪽 하늘이 밝아 날이 새다

* 되다(measure) : 말(斗)이나 되로 곡식 등을 헤아리다

* 두령(頭領, boss, head, leader) : 우두머리, 두목, 여러 사람을 거느린 우두
머리

* 두루(all, without exception) : 빠짐없이, 골고루, 모두에게

* 두목(頭目, boss) : 조직의 리더나 우두머리, 두령

* 두문불출(杜門不出, keeping indoors) : 집에만 있고 밖에 나가지 아니함

* 둔하다(鈍, stupid, poor) : 영리하지 못하고 더디다, 느리고 무겁다

* 둘째 사망(the second death) : 죄로 인한 영원한 죽음, 악인의 종말

* 드러나다(appear) : 겉으로 보이게 나타나다, 감춘 것이 발각되다

* 드러내다(show, reveal) : 드러나게 하다. 나타내어 알게 하다

* 드리다(give, offer) : '주다'의 높임말

* 드리우다(hang down) : 어떤 물체를 위에서 아래로 처지게 함

* 득의(得意) : 뜻을 이룸, 바라는 일이 이루어져 의기가 오름

* 들보(beam) : 두 기둥을 가로 질러 걸치는 나무, 대들보

* 들어맞다(be right, suit) : 틀리지 않고 꼭 맞다, 정확하게 맞다

* 들어붓다(pour into) : 옮겨 쏟다, 비가 세차게 쏟아지다

* 들추다(reveal, expose, disclose) : 끄집어내어 드러나게 하다

* 들키다(be found out, find) : 숨기려던 일이나 물건이 남의 눈에 띄어 알려
  지다

* 등경(燈檠, candlestick, lamp stand) : 등잔을 올려놓거나 걸어두는 틀

* 등대(燈臺, lighthouse) : 주로 성막과 성전에서 사용한 등대를 말함

* 등등하다(騰騰, wild, powerful) : 기세를 뽐내는 모양

* 등사(謄寫, copy) : 원본과 같이 베낌, 복사, 모사

* 등잔(燈盞, lamp) : 기름을 담아 불을 켜는 그릇

* 등한하다(等閑, negligence) : 마음에 두지 아니하고 예사로 여기다

〈ㅁ〉

* 마구(馬廏, manger) : 마구간, 말을 기르는 곳

* 마귀(魔鬼, devil, demon) : 사탄의 부하, 요사스런 잡귀를 통틀어 이르는 말

* 마당질(threshing) : 타작, 탈곡, 곡식의 이삭을 터는 일

* 마땅하다(upright, ought to) : 그렇게 하는 것이 옳다, 당연하다

* 마땅히(justly, naturally) : 당연히, 모름지기, 응당

* 마문(馬門, horse gate) : 왕족들의 말의 출입구

* 마병(馬兵, cavalry) : 기병(騎兵), 강한 군인을 일컫는 말

* 마음에 새기다(be in one's heart) : 마음에 간직하다

* 마음을 같이하다(with one mind) : 뜻과 생각을 같이하여 행동하다

* 마음을 다하다(do it heartily) : 뜻과 생각을 다 쏟아 힘씀

* 마음을 쓰다(set heart) : 어떤 일에 생각을 계속하다

* 마음을 품다(mind) : 마음속에 지니다

* 마음이 타다(yearn) : 애가 타다, 마음이 불안하다

* 마음 판(板, tablet of heart) : 사람의 심령 또는 내면의 공간을 뜻함

* 마지막 날(last day) : 최후의 날, 심판 날, 예수님 재림의 날

* 마지막 때(time of the end) : 인류의 종말, 심판이 임하는 때

* 마치(as if. like, just, seem) : 거의 비슷하게, 영락없이

* 마침내(at last, finally, in the end) : 필경, 드디어, 마지막에는

* 만고(萬古, perpetuity, eternity) : 한없이 오랜 세월, 오랜 옛날

* 만국(萬國, all the kingdoms) : 세계의 모든 나라, 수많은 나라

* 만국인(萬國人, all nations people) : 이 세상 모든 나라의 사람

* 만군(萬軍, host) : 많은 군사를 뜻함, 주로 천사에 대하여 쓰는 말

* 만군의 여호와(Lord of hosts) : 하나님을 뜻함(신약에서는 '만군의 주'로 표시)

* 만나(manna) : 출애굽한 이스라엘 백성이 광야에서 먹은 양식

* 만대(萬代) : 아주 오랜 세대, 영원히 이어지는 세대를 뜻함

* 만류(挽留, detention) : 어떤 행동을 강제로 못하게 하는 것

* 만만(萬萬, many many) : 아주 많은 수를 말함, 무한정의 큰 수

* 만물(萬物, all creations, all things) : 하나님이 창조하신 우주의 모든 피조물

* 만민(萬民, the whole nation, people) : 모든 백성, 모든 사람

* 만민 중(萬民中) : 온 백성 가운데

* 만방(萬邦, all countries) : 여러 나라 또는 모든 나라

* 만사(萬事, all things, every things) : 모든 일, 온갖 일, 여러 가지 일

* 만삭(滿朔, fulfil) : 아이 낳을 달이 참, 임신 기간이 끝나 출산할 때가 된 상태

* 만상(萬象, all visible things) : 형상이 있는 온갖 물건, 모든 사물과 현상을
뜻함

* 만세(萬世, all ages) : 영원한 세월, 아주 오래된 세월

* 만세수(萬歲壽, long live, live forever) : 장수(長壽), 축하의 경우에 사용

* 만안(萬安, peacefulness) : 온 세상이 편안함, 매우 편안함을 뜻함

* 만왕(萬王, all kings) : 수많은 왕, 세상의 모든 왕

* 만왕의 왕(the king of king) : 예수 그리스도를 뜻함, 가장 위대하신 왕

* 만유(萬有, over all) : 이 세상에 있는 모든 것, 만상(萬象)

* 만유의 머리(head above all) : 하나님, 모든 존재의 중심, 우주와 만물의
주인

* 만유의 회복(establishing) : 하나님의 작정과 섭리의 완성, 새 하늘과 새 땅

* 만인(萬人, every one) : 헤아릴 수 없이 많은 사람

* 만족(滿足, contentment) : 하나님의 섭리를 깨닫고 현재의 상태를 받아들임

* 만주의 주(萬主의 主, the Lord of lord) : 예수 그리스도, 참된 임금

* 만찬(晩餐, last supper, dinner) : 손님을 청하여 함께 먹는 저녁 식사

* 만찬석(晩餐席, supper place) : 저녁식사를 베푼 자리

* 만회(挽回, recovery, restoration) : 바로 잡아 본래처럼 회복 하는 것

* 맏물(the first) : 햇것, 그 해 들어 제일 먼저 생산 된 곡식 과일 등

* 맏이(eldest, firstborn) : 여러 형제나 자매 중의 가장 손위

* 말(bushel) : 곡물 등의 분량을 되는 그릇

* 말갛다(pure) : 다른 것의 섞임이 조금도 없이 맑다

* 말거리(proverbs, topic) : 이야기 자료

* 말게하다(be stop) : 하지 못하도록 막다

* 말굴레(horse bridle) : 말의 머리에 씌우는 굴레

* 말굽(horse's heel. horse's hoof) : 말의 발톱

* 말년(末年, latter years) : 일생의 마지막 무렵, 늘그막

* 말다(give up) : 하던 행동을 그만 두다

* 말다(roll, wrap) : 천이나 종이 등을 싸서 감다

* 말다툼(dispute) : 언쟁, 말싸움, 말로 옳고 그름을 가리려 서로 다툼

* 말미(the end) : 어떤 사물의 끝부분, 끝맺음 또는 마무리

* 말미암다(come from) : 관계하다, 까닭이나 원인으로 되다, 계기가 되다

* 말석(末席, bottom) : 맨 끝자리, 자기를 낮추어서 말하는 자리

* 말세(末世, the last day, last time) : 마지막 때, 세상의 끝날

* 말씀(Logos) : 그리스도, 복음, 계시, 성경, 웃어른의 말

* 말을 짓다(evil report) : 없는 말을 만들다

* 말쟁이(fluent speaker, whisperer) : 말을 잘 하는 사람, 말을 많이 하는 사람

* 말하되(said) : 말하기를

* 망령(妄靈)되다 : 늙거나 정신이 흐려서 말과 행동이 정상을 벗어나다

* 매양(每樣) : 번번이, 언제든지, 항상, 언제나, 매번, 매사

* 맥추(麥秋, wheat harvest) : 보리를 거두어들이는 때

* 맥추절(麥秋節, feast of harvest) : 유대인이 지키는 절기의 하나

* 맷돌질(grinding) : 맷돌로 곡식을 가는 일

* 맹사(猛士, mighty men) : 힘세고 용감한 무사, 용맹스러운 사람

* 맹세(盟誓, oath, pledge) : 거짓이 없음을 엄숙히 증언하는 행위

* 맹약(盟約, pledge, covenant) : 맹세하여 굳게 맺은 약속, 굳게 매세하여 약속함

* 머리맡(one's bedside) : 누운 사람의 머리 부근이나 그 언저리

* 머릿돌(headstone) : 예수 그리스도, 정초석(定礎石)

* 머뭇머뭇하다(hesitate) : 행동이나 말을 정확하게 하지 않고 망설이다

* 먹줄(inked string) : 목공이 나무에 줄을 칠 때 사용하는 먹통실

* 먼저 나신 자(the first born) : 선재하신 그리스도

* 먼저 된 자(one that is first) : 차례나 지위 등에서 앞에 있는 사람

* 멀다(go blind) : 시력을 잃다, 눈이 보이지 아니하게 되다

* 멀리하다(keep away) : 가깝게 하지 않고 피하거나 사이를 두다

* 멍에(yoke) : 행동에 구속을 받는 것을 비유하여 하는 말

* 멍에를 같이 한 자(loyal yoke fellow) : 그리스도인, 같은 목적을 하고 가는 자

* 멍에를 메우다 : 짐을 넘겨주다, 전가하다

* 메시야 : 기름 부음을 받은 자라는 뜻(예수 그리스도, 왕, 예언자, 대제사장 등)

* 메질꾼(the hammer) : 때리는 사람, 깡패, 폭행자

* 멧부리(peak, summit) : 산등성이나 산봉우리에서 가장 높은 꼭대기

* 멧비둘기(a wild pigeon) : 산비둘기

* 멱통(throat) : 살아있는 동물의 목구멍

* 면대(面對, facing each other) : 서로 얼굴을 대하는 것

* 면려(勉勵, diligence persuade) : 스스로 노력하거나 애씀

* 면박(面駁, refute to face) : 면전에서 꾸짖어 나무람

* 면죄(免罪, pardon) : 죄를 면하여 줌, 벌을 면제 받음

* 면책(面責, rebuke) : 마주 대하여 책망함

* 멸망의 구덩이(pit of destruction) : 음부(지옥), 무덤, 멸망의 웅덩이

* 멸망의 자식(son of perdition) : 멸망될 자로 정해진 사람(적그리스도, 유다)

* 멸시(蔑視, disdain, contempt) : 업신여겨 봄, 낮추어 봄

* 멸절(滅絶, extinction) : 멸망하여 끊어져 없어지는 것을 말함

* 명(命, command) : 목숨, 명령, 운명, 명하다

* 명년(明年, next year) : 내년, 올해의 바로 다음에 오는 해

* 명랑(明朗, brightness, cheerful) : 유쾌하고 쾌활함

* 명목(名目, name, title) : 사물의 이름, 명칭, 표면에 내세우는 형식상의 구실

* 명백(明白, clear, evident, apparent) : 분명하고 뚜렷한 것을 말함

* 명분(名分, birthright) : 지켜야 할 도리, 이유 또는 구실

* 명성(名聲, fame) : 명예로운 소문, 세상에 떨친 이름

* 명심(銘心, keeping in mind) : 마음속에 깊이 새겨둠

* 명예(名譽, glory) : 이름이 뛰어난 평판, 체면

* 명의(名義, name) : 어떤 일에 공식적으로 내세우는 문서상의 이름

* 명절(名節, festivals) : 축하하는 날, 신성한 절기(유월절, 오순절, 맥추절
등)

* 명주(明紬, silk) : 비단, 명주실로 무늬 없이 짠 옷감

* 명철(明哲, insight, wisdom, wise) : 총명(聰明)하고 사리에 밝음

* 명칭(名稱, name) : 사물을 부르는 이름, 이름으로 부르는 것, 호칭

* 모(angle) : 날카로운 가장 자리, 물건의 귀 난 곳

* 모년(暮年, old age) : 늙은 나이, 노년

* 모독(冒瀆, insult, blasphemy) : 말이나 행동으로 욕되게 함

* 모략(謀略, strategy) : 남을 해치려는 속임수나 꾀, 속임수로 남을 해롭게 함

* 모면(謀免, escape) : 어려운 고비를 겨우 벗어남

* 모반(謀叛, rebellion. revolt) : 반역, 내란, 거역을 꾀함, 반역을 계획함

* 모본(模本, model) : 본보기, 모형(模型), 본보기가 되는 것

* 모사(謀士, counselor) : 계략을 꾸미는 사람, 남을 도와 꾀를 내는 사람

* 모살(謀殺, murder) : 미리 꾀하여 사람을 죽이는 것

* 모시다(serve) : 윗사람이나 존경하는 이를 받들다

* 모신(謀臣, strategist) : 꾀를 잘 내는 신하

* 모욕(侮辱, insult) : 깔보고 욕되게 함, 업신여겨 욕되게 함

* 모의(謀議, consultation) : 어떠한 일을 꾀하고 의논함

* 모태(母胎, mother's womb) : 사물의 발생 근거, 일의 맨 처음

* 모퉁이 돌(corner stone) : 기초석, 그리스도, 군건한 믿음

* 모해(謀害, doing harm to) : 속임수나 꾀를 써서 남을 해치는 것

* 목도(目睹, see, observation) : 몸소 직접 봄, 목격, 눈으로 보다

* 목사(牧師, pastor, priest) : 교회의 교역자, 목자, 성직자

* 목엽(木葉, leaves) : 나무 잎, 나무의 잎사귀

* 목자(牧者, shepherd, pastor) : 양을 치는 사람, 목회자(牧會者)

* 목자장(牧者長, chief shepherd) : 그리스도, 크신 목자란 뜻

* 목전(目前, under one's eyes) : 주로 하나님이 보시는 앞에서를 말함

* 목회서신(牧會書信) : 목회상의 문제를 많이 취급한 서신

* 몫(share, portion) : 분배하여 가지는 각 부분, 배분된 부분

* 몰각(沒覺, lack understanding) : 무지하여 깨달음이 없음, 지각이 없음

* 몰사(沒死, be swallowed) : 모두 다 죽음

* 몰살(沒殺, massacre, slay) : 모두 죽임, 모조리 다 죽임

* 몰아내다(expel, drive out) : 억지로 몰려 나가게 하다

* 몰아넣다(crowd into) : 억지로 몰아서 들어가게 하다

* 몸값(ransom) : 팔려온 몸의 값어치, 납치와 관련된 요구 금액

* 못 박다(fasten) : 남의 마음에 상처를 입히다. 못이 들어박히게 하다

* 못하다(inferior to) : 비교하여 다른 것보다 품질 등이 떨어지다

* 몽학선생(蒙學先生) : 율법을 일컫는 말, 그리스도의 안내자

* 묘(廟, shrine) : 제사를 지내는 사당

* 묘비(墓碑, tombstone) : 무덤 앞에 세우는 비석

* 묘책(妙策, ingenious trick) : 매우 교묘한 꾀, 절묘하게 훌륭하고 효과적인
계책

* 무고(無故, without relation) : 아무 사고 없이 편안함

* 무관(無關, unrelated) : 아무런 관계가 없음

* 무교(no yeast) : 누룩을 넣지 않은 상태를 말함

* 무궁(無窮, infinity) : 공간 또는 시간이 끝이 없음. 한이 없음

* 무녀(巫女, a female shaman) : 무당. 굿하고 점치는 여자

* 무당(巫堂, shaman, witch) : 점을 치고 굿을 하는 신들린 사람

* 무덤(grave, tomb, burial site) : 묘, 묘지

* 무릇(generally, on the whole) : 헤아려, 생각하건데, 대체로 생각해 보아

* 무소불능(無所不能) : 능하지 않은 것이 없음. 무엇이든 못하는 것이 없음

* 무쇠(rigid iron) : 잡물이 섞인 쇠, 강인함과 불굴의 의지를 상징적으로 표현

* 무수(無數, numberless) : 셀 수 없는 많은 수효

* 무시(無時, whenever) : 언제나, 무상시(無常時)

* 무심중(無心中) : 무심결에, 특별히 마음을 쓰고 있지 않은 동안

* 무안(無顔, shame) : 면목이 없음. 부끄러워서 볼 낯이 없음

* 무용(無用, uselessness) : 소용이 없음, 가치나 효과성에 대한 논의에서 사용

* 무저갱(無低坑, abyss, the deep) : 지옥, 음부, 밑 닿는 데가 없는 구렁텅이

* 무정(無情, be inhuman) : 인정이나 동정심이 없음

* 무지(無知, ignorance, stupidity) : 아는 것이나 지식이 없음

* 무지러지다(wear out) : 물건 끝이 닳거나 잘라져 없어지다

* 무지무각(無知無覺, stupidity) : 아는 것도 깨달음도 없는 상태

* 무할례(無割禮, uncircumcised) : 할례를 받지 않은 상태, 복음의 보편

* 무할례 자 : 할례를 받지 아니한 사람(이방인을 뜻하기도 함)

* 묵도(默禱, silent prayer) : 소리 내지 않고 마음속으로 빎, 가만히 속으로 빎

* 묵상(默想, silent prayer) : 정신을 모아 조용히 생각하고 기도함

* 묵시(默示, revelation) : 계시(啓示), 하나님이 성령으로 자기의 뜻을 나타
내심

* 문둥이(leper) : 나병자(癩病者), 한센병을 앓는 사람

* 문득(suddenly) : 홀연히, 갑자기, 불현 듯

* 문란(紊亂, disorder) : 도덕이나 질서가 무너진 상태

* 문루(門樓, gate tower) : 문 위에 세운 다락, 다락방

* 문벌(門閥) : 가세(家世), 대대로 내려오는 그 집안의 지체를 말함

* 문안(問安, salute, greet) : 웃어른에게 안부의 말씀을 여쭘

* 문장(門帳, curtain) : 창문 등에 쳐서 늘어뜨리는 휘장

* 문중(門中, near relatives) : 종중(宗中), 일가끼리의 가까운 집안

* 문채(紋彩, linen) : 무늬, 문장의 광채, 표면에 나타나는 무늬와 색채를

의미함

* 문턱(threshold) : 문짝과 문지방이 닿는 부분

* 문하생(門下生, disciple) : 스승 아래 가르침을 받는 사람

* 묻다(bury) : 물건을 안 보이게 다른 물건 속에 넣음, 숨기어 감추다

* 묻히다(be buried) : 묻음을 당하는 것

* 물두멍 : 물 저장소, 물탱크, 물을 담아 두기 위해 사용하던 큰 그릇이나 통

* 물론(勿論, of course, sure, certainly) : 더 말 할 것도 없음

* 물매군(slinger) : 투석군, 돌팔매질을 하는 사람

* 물목(物目, list of articles, sum) : 물건(물품)의 목록이나 항목을 뜻하는 단어

* 물 샘(spring, well of water) : 물이 땅에서 솟아 나오는 장소

* 물어내다(compensate) : 변상하다

* 물어주다(restore) : 변상하다, 갚아주다

* 물화(物貨, goods) : 물품과 재물, 상품, 물품, 거래의 대상이 되는 물건을 뜻

* 뭇 백성(many common people) : 여러 국민, 여러 사람

* 뭉치(bundle, lump) : 한데 뭉치어서 이룬 덩이

* 뭍(land, mainland) : 육지, 땅, 섬사람들이 육지를 이르는 말

* 미련(stupidity) : 어리석고 둔함, 품었던 감정이나 생각을 딱 끊지 못함

* 미명(未明, early dawn) : 해가 뜨기 전 또는 뜰 무렵

* 미쁘다(reliable, trusty, trustworthy, be true) : 믿음성이 있다, 미덥다

* 미약(微弱, insignificance) : 작고 약함, 보잘 것이 없음

* 미장이(plasterer, mason) : 미장공, 토공

* 미천(微賤, lowly, humble, small) : 미약하고 미천함, 보잘 것 없고 천함

* 미치광이(mad man) : 정신이상자, 미친 사람

* 미혹(迷惑, tempt, temptation) : 마음이 흐려져 무엇에 홀림

* 민망(憫憫, pitiful, regrettable) : 답답하고 딱하여 걱정스러움

* 민요(民擾, tumult, uproar) : 민란, 소요(騷擾)

* 민첩(敏捷, quickness) : 빠르고 익숙함. 능란하고 재빠름

* 믿는 도리(profession) : 복음, 하나님의 말씀

* 믿는 자(believers) : 그리스도인을 말함, 신 등을 믿고 따르는 사람

* 믿지 아니하는 자 : 불신자, 불신앙인, 멸망을 받을 자

* 믿음(faith, belief, trust) : 신앙, 믿는 마음, 받아들이는 것

* 밀실(密室, secret room) : 은밀한 장소, 기도처, 밀폐된 방이나 공간

* 밑받침(underlay) : 밑에 받치는 물건

〈ㅂ〉

* 바리새인(Pharisees) : 하나님을 두려워하는 분리주의자, 유대교의 일파

* 바벨탑(tower of babal) : 하나님을 대항하여 인간들이 쌓은 탑

* 바벨론 : 로마인들이 부르던 갈대아인의 영토

* 바알세불(baal-zebull) : 귀신의 왕, 사탄의 별명

* 박대(薄待, ill treatment) : 아무렇게나 대접하고 대우하는 것

* 박멸(撲滅, eradication, destroy) : 모두를 없애버림

* 박사장(博士長) : 박사 중 우두머리, 바벨론 사령관의 칭호

* 박수(sorcerer, magician) : 남자 무당, 마술사

* 박장(拍掌, hand clapping) : 기분이 좋아서, 또는 긍정하는 뜻으로 손바닥
을 침

* 박탈(剝奪, take away, deprivation) : 남의 재물이나 권리 등을 빼앗음

* 박해(迫害, oppression) : 약한 처지의 개인이나 세력을 핍박하여 해롭게 함

* 반석(盤石, rock) : 넓고 편편한 아주 큰 돌, 믿음, 안정성, 보호, 기초를

상징함

* 반열(班列, social standing) : 품계의 차례, 등급

* 반점(斑點, spot) : 얼룩진 점, 얼룩얼룩한 점

* 반포(頒布, promulgation) : 세상에 펴서 널리 알림

* 반포자(頒布者, preacher, apostle) : 왕의 전령(구약), 복음 전파자(신약)

* 받들다(respect) : 공경하고 모시다, 높이 들다(lift up)

* 발각(發覺, find out, discovery) : 드러나 알게 됨, 들킴, 숨겼던 일이 알려짐

* 발등상(~凳床, foot stool) : 발을 올려놓는 받침

* 발분(發忿, cause anger) : 성내다, 화내다, 분을 내다

* 발설(發說, announcement) : 입밖에 말을 내어 남이 알게 함

* 발원(發源, source, home) : 물의 근원, 강이 시작되는 곳

* 밝히다(make bright) : 일을 분명하게 하다

* 밟히다(be trodden) : 발로 밟음을 당하다

* 방관(傍觀, standing by idly) : 좌시(坐視), 곁에서 구경하듯 지켜만 봄

* 방금(方今, just now, right now, just) : 바로, 이제

* 방도(方道, means, method, way) : 업무 처리를 위한 방식이나 수단

* 방백(方伯, governor) : 지방 관청의 수령, 도지사

* 방불(彷彿, close resemblance, as good) : 거의 같음, 그럴듯하게 비슷함

* 방비(防備, defense) : 외부로부터의 침입이나 재난을 미리 막음

* 방성대곡(放聲大哭, weeping loudly and bitterly) : 소리를 크게 내면서 움

* 방언(方言, dialect) : 어떤 지역이나 지방에서만 쓰이는 특유한 언어, 사투리

* 방자(放恣, impudence) : 삼가지 않고 제멋대로, 제멋대로 하는 말

* 방종(放縱) : 꺼림이 없이 함부로 놀아먹음

* 방주(方舟, ark) : 노아가 만들어 홍수를 피한 배, 네모난 배

* 방책(方策, plan, scheme, policy) : 일을 하는 방법과 꾀

* 방축(防築, dike) : 물을 막기 위하여 쌓은 둑

* 방탕(放蕩, excess) : 절제하지 못하고 주색에 탐닉하는 행위

* 방황(彷徨, wandering) : 일정한 방향이 없이 떠돌아다님

* 배도(背道, fall away, immorality) : 도리에 어그러짐, 진리를 버림, 불신

* 배도자(背道者, apostates, faithless men) : 배교자, 이단자

* 배반(背叛, betrayal, deny) : 신의를 저버리고 등지고 돌아섬

* 배약(背約, breach of promise) : 약속을 어기거나 저버림, 약속을 지키지 않음

* 배역(背逆, rebel) : 은혜를 배신하는 행위

* 배척(排斥, boycott, rejection) : 반대하거나 거부하여 밀어 내침

* 백부장(百夫長) : 로마 군대에서 100명의 부하를 둔 군인의 지휘관

* 백수(白首, gray hairs) : 늙음, 노령, 노년, 하얗게 센 머리

* 백합화(白合花, lily, crocus) : 성경에서는 아름다움, 향기, 성도(聖徒)를 가리킨다

* 버릇(habit, used) : 마음과 몸에 굳어버린 습관

* 번갈다(take turns) : 차례를 돌려가다

* 번거롭다(trouble, troublesome) : 일의 갈피가 어수선하고 복잡하다

* 번뇌(煩惱, grief) : 마음과 몸을 괴롭히는 욕망이나 분노 따위의 모든 잡념

* 번민(煩悶, anguish) : 마음이 괴로워 답답해 함

* 번병(番兵, sentry, watch) : 보초병

* 번제(燔祭, burnt sacrifice) : 제물을 불에 태워 하나님께 드리는 제사법

* 번제단(燔祭壇, altar) : 번제를 드리는 단

* 번제물(燔祭物, sacrifices) : 번제에 쓰는 제물(1년 된 흠 없는 숫양, 비둘기

등)

* 번제소(燔祭所, place of the burnt offering) : 번제 드리는 제물을 잡는 장소

* 범과(犯過, sin, committing a fault) : 법을 어김, 잘못을 범함

* 범사(凡事, all things, everything) : 모든 평범한 일, 각 가지의 모든 일

* 범(犯)하다(commit) : 도리나 법률 등을 위반하다, 여자의 정조를 유린하다

* 법궤(ark of law) : 언약궤, 황금궤, 하나님의 율법을 담은 궤짝 또는 상자

* 법률사(法律士) : 법과 율례를 잘 아는 사람

* 벗다(take off) : 책임이나 누명 등을 면하다

* 벗어나다(get out of, escape) : 밖으로 빠져 나가다, 자유롭게 되다

* 벙어리(dumb, speechless) : 소리를 듣지 못하고 말을 못하는 사람

* 베들레헴 : 예수님의 탄생지(예루살렘 남방에 위치)

* 변경(邊境, border) : 나라의 경계가 되는 곳

* 변명(辨明, excuse, defense) : 무죄함을 밝힘, 핑계를 함

* 변박(辨駁, refutation, reprove) : 잘못된 것을 꾸짖으면서 말하는 것

* 변별(辨別, discrimination) : 식별, 분변, 구별하다

* 변사(辯士, debater, orator) : 말솜씨가 아주 능한 사람

* 변장(變裝, disguise) : 모양을 다르게 꾸미는 것

* 변쟁(辯爭, complaint) : 말다툼, 논쟁을 벌이며 변론함

* 별다르다(another) : 특별하다, 유난히 다르다, 보통과는 다른 점이 있다

* 별미(別味, special taste) : 특별히 좋은 맛(또는 그 음식)

* 별세(別世, death, pass away) : 죽음, 윗사람이 세상을 떠남

* 별식(別食, rare dish) : 특식, 색다른 음식, 별미, 특별히 마련한 음식

* 병거(兵車, chariot) : (전쟁용)말이 끄는 수레, 전차, 전투용 마차

* 병거성(兵車城) : 전차부대 주둔지(솔로몬이 많이 축성)

* 병거장관(chariot commanders) : 전차부대 지휘관

* 병상(病床, sick bed) : 환자용 침상, 병든 사람이 누워 있는 침상 등의 자리

* 병인(病人, the sick. invalid) : 병자(病者), 병을 앓고 있는 사람

* 병정(兵丁, soldier) : 병역에 복무하는 장정(군인)

* 병행(竝行, going side by side) : 나란히 함께 하는 것을 말함

* 보(洑, river) : 흐르는 물을 둑을 쌓아 막아두는 곳

* 보(褓, wrapping cloth) : 보자기, 물건을 싸거나 씌우는 데 쓰는 네모진 피륙

* 보계(譜系, genealogy) : 혈연, 사제, 종교 등의 계통을 도표로 표시한 것

* 보배롭다(precious, valuable) : 매우 귀중하다, 특별하고 소중하다

* 보살피다(look after, care for, take care for, oversee) : 뒤를 돌보아 주다

* 보혜사(保惠師, helper, comforter) : 변호사, 중보자, 대언자, 탄원자

* 복락(福樂, happiness and pleasure, good) : 행복과 즐거움

* 복록(福祿) : 복과 녹, 행복, 복되고 영화로운 삶을 비유적으로 이르는 말

* 복명(復命, report, bring word) : 사명을 띤 사람이 일을 마치고 돌아와 아룀

* 복술(卜術, divination) : 점을 치는 술법, '무당'의 방언

* 복술자(卜術者, diviner) : 점쟁이, 점(卜)을 치는 사람

* 복음(福音, gospel) : 좋은 소식, 기쁜 소식, 그리스도의 가르침

* 본 방언(本方言, language, tongues) : 그 지방의 언어, 국어

* 본분(本分, one's duty, one's position) : 마땅히 행하여야 할 직분

* 본성(本性, real nature) : 타고난 성품 또는 성질, 근본적인 성질

* 본 성읍(本城邑, town, own city) : 자기가 사는 고을

* 본심(本心, one's real intention) : 본 마음, 본래부터 가지고 있는 마음

* 본전(本錢, principal) : 원금(元金), 사업하는 밑천이 되는 돈

* 본족(本族, original clan, one's own family) : 본래의 친족 또는 족속

* 본질(本質, intrinsic nature, inherent) : 본바탕, 본래의 성질

* 본향(本鄕, homeland) : 본래의 고향, 시조가 태어난 땅

* 볼모(pledge) : 인질(人質), 담보가 되어 상대편에게 억류된 사람

* 볼지어다(look) : 주의를 기우려 보라는 뜻. 보아라. 명령적 어미(語尾)

* 봉쇄(封鎖, sealing up) : 봉하여 잠금, 외부와의 연락을 끊음

* 봉안(奉安, rest) : 편히 쉬게 함. 죽은 사람의 시신 따위를 모시어 둠

* 봉양(奉養, nourish, cherish) : 부모나 조부모를 받들어 모심

* 봉적(逢賊, be stolen) : 도둑을 만남

* 봉헌(奉獻, presentation, dedication) : 삼가 공경하는 마음으로 바침

* 부과(賦課, imposition) : 매겨서 부담 시키는 일, 세금이나 비용을 매김

* 부득불(不得不, inevitably, unavoidably) : 하는 수 없이, 불가불

* 부득이(unavoidably, willing) : 마지못하여, 하는 수 없이

* 부름(call) : 어떤 일을 이루기 위하여 불러들임

* 부복(俯伏) : 고개를 숙이고 굽어 엎드림. 몸을 낮추어 엎드리다

* 부상(負傷, wound) : 다침, 몸에 상처를 입음

* 부성(富盛, be rich) : 부하고 번성함

* 부역(賦役) : 국가나 공공단체가 국민에게 의무적으로 시키는 노역(勞役)

* 부요(富饒, wealth) : 재물을 넉넉히 가짐, 가지고 있는 재물이 풍부함

* 부의(賻儀, condolatory gifts) : 상가 집에 부조로 보내는 돈 또는 물건

* 부지(不知, ignorance) : 알지 못함

* 부지중(不知中) : 알지 못하는 사이, 자기도 모르는 사이

* 부활(復活, resurrection) : 죽었다가 다시 살아남. 쇠하였다가 다시 일어남

* 부흥(復興, revival) : 일단 쇠잔한 것이 다시 일어남

* 분기(憤氣, anger) : 분한 기운

* 분깃(portion, share) : 나누어진 물건의 한 몫

* 분란(紛亂, be confused, trouble) : 어수선하고 야단스러움

* 분명(分明, plain, clearness) : 밝고 똑똑함. 어긋남이 없이 확실하게

* 분별(分別, discrimination) : 사물의 이치를 가려서 앎

* 분복(分福, one's lot) : 선천적으로 타고난 복, 복을 나누어 가지는 것

* 분봉왕(分封王) : 분할한 왕국의 지배자, 대국의 지방장관

* 분부(吩咐, order, command) : 아랫사람에게 명령을 내림

* 분연(奮然, resolutely) : 떨치고 힘을 내어 일어나는 모양

* 분외(分外, beyond one's lot) : 제 분수의 밖, 분수에 지나는 일

* 분주(奔走, being busy) : 아주 바쁨, 매우 바쁘게 뛰어다님

* 분천(噴泉, fountain) : 샘(우물)

* 분초(分秒, moment, second) : 매우 짧은 시간, 시계의 분과 초

* 분향(焚香, burn incense, incense-burning) : 종교적 의식 등에서 향을 피움

* 불가불(不可不, necessarily) : 부득불, 않을 도리가 없이 마땅히

* 불구(不具, deformity) : 장애를 가지고 있는 몸 상태

* 불그스름하다(reddish) : 붉다, 붉은 색을 띈 모습, 붉은 빛이 약간 돌다

* 불기둥(pillar of fire) : 불이 기둥처럼 솟은 모양

* 불 못(lake of fire) : 지옥(hell), 음부, 지옥을 상징함

* 불 뱀(fiery serpent) : 사막 독사의 이름, 심판과 경고의 상징

* 불법자(不法者, criminal) : 법을 지키지 않는 사람, 마귀, 불신자

* 불붙다(catch fire) : 불이 당겨서 타다

* 불선(不善, evil) : 착하지 않거나 좋지 못함

* 불순종(不順從, disobedience) : 순종하지 아니함. 거역, 항거

* 불시험(painful test) : 고통스러운 시험, 연단(鍊鍛)

* 불신자(不信者, unbeliever) : 하나님을 믿지 않는 사람, 사탄에 속한 자

* 불의(不義, wickedness, injustice, sin) : 의리에 어긋나는 것

* 불합(不合, disagreement, dissatisfaction) : 정의가 서로 맞지 않는 것

* 불화(不和, discord) : 서로 화합하지 못함. 서로의 관계가 좋지 않음

* 붉은 용(red dragon) : 하나님을 대적하는 사탄을 상징함

* 붓다(pour into) : 다른 곳에 담다

* 붓다(swell up) : 살갗이 부풀어 오르다

* 붕우(朋友, friend, companion) : 벗, 서로 마음이 통하여 가깝게 사귀는 친구

* 붙박이(fixture) : 한 곳에 박혀 있어서 움직임이 없는 사물

* 비결(秘訣, secret, key) : 드러나지 않은 매우 좋은 방법

* 비굴(卑屈, meanness) : 지나치게 굽실거림, 자존심을 잃은 비굴한 행동

* 비단(緋緞, silk) : 명주실로 짠 피륙의 총칭

* 비둘기(dove, pigeon) : 사람들이 평화의 상징으로 삼는 새

* 비로소(for the first time) : 처음으로, 마침내, 드디어

* 비루(鄙陋, meanness, be vile) : 말이나 행동이 천하고 더러움

* 비루한 자(worthless fellow) : 비열하고 야비한 사람

* 비빈(妃嬪) : 왕비와 왕세자의 부인을 이울러 이르던 말

* 비소(鼻笑, scorn) : 코웃음

* 비웃음(hiss, scorn) : 조소와 멸시를 나타내는 표현.

* 비자(婢子, maid, slave girl) : 여종

* 비천(卑賤, humbleness, abasement) : 신분이 낮고 천하다

* 비파(琵琶, harp) : 수금, 거문고(lute), 고대의 현악기

* 빈궁(貧窮, poverty) : 가난하여 살기가 어려움, 경제적 궁핍

* 빈궁(嬪宮) : 왕세자의 비(妃)

* 빈들(desert, lonely place) : 광야(曠野), 황야(荒野), 너른 벌판

* 빈천(貧賤, be poor) : 가난하고 신분이 낮음, 가난하고 천함

* 빈핍(貧乏, poverty) : 가난하여 아무것도 없어 생활이 어려움

* 빌다(pray, beg, wish) : 기도를 드리다. 용서를 청하다, 간절히 청하다

* 빌다(borrow) : 남의 도움을 입다(get one's aid)

* 빙거(憑據, evidence) : 사실의 증명이 될만한 근거

* 빙자(憑藉, through) : 내세워서 핑계함, 남의 힘을 빌어서 의지하는 것

* 빚진 자(debtor) : 갚아야 할 것이 있는 사람, 영적으로 빚진 그리스도인

* 뻔뻔하다(impudent) : 잘못이 있어도 부끄러운 줄을 모름

* 뽐내다(boast, proud, show off) : 잘난 체 하다. 남에게 보란 듯이 우쭐거리다

〈ㅅ〉

* 사곡(邪曲)한 자(godless man) : 하나님을 믿지 않고 비뚤어진 일을 하는 사람

* 사관(舍館, inn) : 객실, 손님 방

* 사귀(邪鬼, unclean spirit) : 더러운 귀신, 악령(惡靈), 요사스러운 귀신

* 사탄(Satan) : 마귀, 악마, 유혹자

* 사당(祠堂, shrine) : 신주를 보존해 놓은 집

* 사도(使徒, apostle) : (예수님의 복음 전파를 목적으로) 보냄 받은 자

* 사도 시대(apostolic age) : AD 30년~100년경(요한의 임종 시까지)

* 사리(事理, reason, facts) : 사물의 이치나 일의 도리

* 사망의 그늘(shadow of death) : 죽은 자의 거처, 음부

* 사명(使命, duty, mission, task) : 맡겨진 임무, 사신이 받은 명령

* 사모(思慕, yearning, love, longing) : 우러러 받들고 마음으로 따름.

* 사무치다(touch the heart) : 속까지 깊이 미치어 닿다

* 사발(四鉢) : 사기로 된 위가 넓은 그릇

* 사방(四方, round about) : 동서남북의 총칭, 여러 곳

* 사사(私事, own, personal) : 개인적인 일, 사사로운 일

* 사사(士師, judge) : 구약 시대에 제사장직, 선지직, 왕직을 겸한 지도자

* 사사 시대 : 사사들의 치세 기간(BC 1370~1070)

* 사상(思想, thought) : 생각, 사회 및 인생에 대한 일정한 견해

* 사생자(私生子) : 사생아, 서출, 법률상 부부가 아닌 사람에게서 난 사람

* 사술(邪術, charms) : 마술, 목술, 점, 이교도들의 술수

* 사슬(chain) : 쇠사슬, 자유의 구속, 죄의 속박, 형벌을 말함

* 사신(邪神, devil, demon) : 마귀, 귀신, 악신(惡神)

* 사악(邪惡, evil, wickedness) : 간교하고 도리에 어긋나며 악독함

* 사악한 자(corrupter) : 마귀, 사탄, 우상숭배자, 간사하고 악독스러운 사람

* 사역(使役, forced labor, tribute) : 강제성이 내포된 일, 강제로 부리다

* 사역자(使役者, servant, employ) : 하나님의 일꾼, 천사, 교회의 공적인 일꾼

* 사연(事緣, cause, story, content) : 일의 사정과 까닭, 내용과 이야기

* 사욕(私慾, selfish desire) : 자기의 이익만을 차리는 욕심

* 사욕(邪慾, evil desires, lust) : 그릇된 욕심, 음란한 욕망

* 사위(詐僞, lying) : 거짓말로 사람을 속임

* 사유(赦宥, pardon, forgiving) : 죄를 용서하여 줌

* 사자(嗣子, heir) : 대를 잇는 아들

* 사자(使者, angel, messenger) : 임무를 띠고 심부름을 하는 사람

* 사자굴(獅子窟, pit of lions) : 사형 집행처, 위험한 장소나 상황

* 사적(事蹟, trace) : 사건의 자취, 사실의 형적

* 사죄(赦罪, forgiveness) : 잘못을 인정하고 용서를 구하는 것

* 사죄(死罪, capital offence) : 사형에 처할 무거운 범죄

* 사지(死地, place of death) : 죽을 곳, 살아나올 길이 없는 곳

* 사취(詐取, fraud) : 거짓으로 속여서 남의 것을 빼앗음

* 사치(奢侈, luxury, extravagance, lavish) : 지나치게 향락적인 소비를 함

* 사태(沙汰, land-slip) : 비 때문에 산비탈이 무너지는 현상

* 사특(邪慝, viciousness) : 못되고 악함, 요사스럽고 간특하다

* 사특한 자(the froward) : 교활한 자, 타락한 자, 삿되고 간사하다

* 사(赦)하다(pardon) : 죄를 용서하다, 속량하다

* 사해(死海, dead sea) : 소돔과 고모라가 멸망해서 생긴 곳

* 사환(使喚, servant) : 집사(교회의 직분), 심부름을 하는 사람

* 삭도(削刀, razor) : 머리털을 깎는데 쓰는 칼

* 삭발(削髮, hair cutting) : 머리를 깎는 것, 특정 목적이나 의식을 위한 행동

* 삭제(削除, elimination, erase) : 기록 등의 내용이나 문구를 지우거나 없앰

* 삯(wages, hire, pay) : 임금, 품삯, 노임, 노동의 대가, 사용료

* 삯꾼(hired servant) : 고용의 대가로 돈을 받는 사람

* 산당(山堂, high place) : 산신당, 우상을 섬기는 곳

* 산란(散亂) : 정신이 어수선함, 흩어져 어지러움

* 산록(山麓, foot of mountain) : 산기슭, 산의 비탈이 끝나는 비스듬한 아랫부분

* 산상설교(sermon of the mount) : 산상보훈

* 산 자(the living) : 살아 있는 모든 사람

* 살륙죄(殺戮罪, sin of slaughter) : 사람을 마구 찔러 죽인 죄

* 삼 격 일신(三格一神) : 성부·성자·성령이 하나의 실체로서 존재한다는 복음주의

* 삼림(森林, forest, woods, timber) : 나무가 울창한 숲, 은신처

* 상가(喪家, house of mourning) : 초상난 집

* 상고(上古, ancient times, beginning) : 오랜 옛날, 최초

* 상급(賞給, reward) : 상으로 주는 물건

* 상당(相當, considerable, equivalent) : 제 분수에 알맞음

* 상등(上等, superiority) : 높은 등급

* 상소(上疏, petition to the throne) : 임금에게 글을 올림

* 상전(上典, master, husband, employer) : 주인, 주(主), 종의 주인을 뜻함

* 상종(相從, association, join) : 서로 의좋게 지냄

* 상좌(上座, best seat) : 높은 신분이나 지위에 있는 사람이 앉는 자리

* 상책(上策, best plan, good plan, best policy) : 제일 좋은 대책이나 방책

* 상처(傷處, wound, hurt, scar, injury) : 몸을 다쳐 부상을 입은 자리

* 상쾌(爽快, refreshingness) : 기분이 시원하고 매우 거뜬함

* 상태(狀態, condition) : 현재의 모양이나 되어있는 상태, 상황(狀況)

* 상품물(上品物, the best goods) : 가장 좋은 물건

* 상한 자(broken heart) : 상처 입은 사람, 불경건한 자

* 상합(相合, coincidence) : 서로 맞음, 서로 조화되거나 어울림

* 상해(傷害, hurt, wound) : 남의 몸에 상처를 내어 해롭게 하는 것

* 새 계명(誡命, new commandment) : 율법의 완성, 예수님께서 명하신 것

* 새김질(rumination) : 먹은 것을 다시 입으로 내어 잘게 씹는 것(소, 양 등)

* 새끼 양(lamb) : 어린 양

* 새 땅(new earth) : 하늘나라(하나님의 지배 하에 있는 영원한 나라)

* 새롭다(be new, renew) : 지난 일이 다시 생가 되어 새삼스럽다, 새롭게 하다

* 새마음(new spirit, new heart) : 회개한 마음, 새롭게 된 마음

* 새벽 빛(sun rises) : 새벽에 비치는 빛, 그리스도의 나오심을 묘사한 말

* 새 부대(負袋) : 쓰지 않은 자루, 새 술을 담는 용기

* 새 사람(new man) : 영적 소생자, 참된 그리스도인을 뜻함

* 새 생명 : 그리스도로 말미암아 중생한 자의 생명

* 새 술(new wine) : 새로 빚은 술, 그리스도의 말씀, 교훈

* 새 언약(言約, new testament, new covenant) : 새로운 계약, 복음(福音)

* 새 영(new spirit) : 회개한 자에게 주시는 영(靈)

* 새 예루살렘 : 천국(天國), 구속(救贖)받은 성도가 살 곳

* 새 일(new thing) : 하나님이 인류를 구속(救贖)하시는 일을 뜻 한다

* 새 포도주(new wine) : 새로 짠 포도주(상징적으로 주의 말씀 또는 가르침)

* 새 하늘(new heaven) : 내세(來世), 새로 만드시는 하늘

* 색욕(色慾, sexual desire) : 성에 대한 욕심, 사탄이 취하는 행동

* 샛별(morningstar, day-star) : 새벽 별(금성), 재림하실 그리스도

* 생남(生男, the birth of a son) : 아들을 낳음

* 생령(生靈, living soul) : 살아있는 존재, 살아있는 영혼, 살아 있는 자란 뜻

* 생명 길(paths of life) : 올바로 사는 길, 훈계를 지키는 자의 길

* 생명나무(tree of life) : 에덴동산에 있었던 나무

* 생명수(springs of living water) : 값없이 주는 것(하나님의 은혜를 상징함)

* 생명의 도(道) : 구속의 복음 진리, 산 말씀

* 생명의 주(Lord of life) : 예수 그리스도, 창조주, 생명을 지키는 분

* 생명책(book of life) : 영원한 생명을 받을 자의 명부

* 생시(生時) : 태어난 시간(birth hour), 살아있는 동안(life time)

* 생질(甥姪, nephew) : 누이의 아들

* 서광(瑞光, good omen) : 길한 일의 조짐, 상서로운 빛

* 서명(署名, signature) : 서류 등에 책임을 밝히기 위하여 이름을 써 넣음

* 서모(庶母, one's father's concubine) : 아버지의 첩(妾)

* 서약(誓約, oath, pledge, vow, swear) : 맹세하고 약속 함

* 서원(誓願, vow) : 자발적으로 엄숙하게 하나님께 맹세하는 것

* 서원물(誓願物) : 희생제물, 하나님께 서원하면서 바치는 물건

* 서원제(誓願祭) : 하나님께 맹세하면서 드리는 제사

* 서책(書冊, books) : 서적, 문서와 서적, 구약의 예언서

* 서판(書板, table) : 글씨를 쓰는 판(널판, 토판, 돌판, 양피 등이 있음)

* 석상(石像, stone image) : 돌로 만든 사람이나 동물의 형상

* 석수(石手, mason) : 석공(石工), 돌을 전문으로 다루는 사람

* 석청(石淸, wild honey) : 석밀(石蜜), 벌꿀의 일종, 세례 요한의 식량

* 선가(船價, boat-fare) : 선비(船費)

* 선객(船客, ship passenger) : 배를 탄 손님

* 선견(先見, foresight, see) : 일이 일어나기 전에 미리 앎

* 선견자(先見者) : 선지자(先知者), 앞으로 닥쳐올 일을 미리 내다보고 아는 사람

* 선교(宣敎, preaching) : 복음을 널리 전하는 일(그리스도인의 지상 사명)

* 선대(善待, do good, hospitality) : 잘 대접하는 것

* 선량(善良, goodness) : 성질이 착하고 온순함, 차하고 바름, 도덕적이고 훌륭함

* 선봉(先鋒, vanguard, the van) : 맨 앞장, 선두, 전위(前衛)

* 선영(先塋, ancestral graveyard) : 선산, 조상의 무덤이 있는 곳

* 선왕(先王, late king) : 선대(先代)의 임금

* 선인(船人, sailor) : 뱃사공, 뱃사람

* 선종(善終, die, transcend death) : 좋게 생을 마감하는 것, 초월한 죽음

* 선지자(先知者, prophet, predictor) : 예언자, 선견자

* 선지자의 글(the prophets): 구약의 예언서를 말함(이사야~말라기)

* 선지자의 생도들(prophets) : 선지자의 문하생들

* 선진(先進, advancement, developed, leading) : 선각자, 선배

* 선한 목자(good shepherd) : 예수 그리스도

* 선혈(鮮血, flesh blood, life blood) : 갓 흘린 피, 선명한 붉은 피

* 설혹(設或, even if) : 그렇다 치더라도, 설령(if)

* 섬돌(stone step, a stepping-stone) : 오르내리는 돌계단, 돌층계

* 섭리(攝理, providence) : 자연계를 지배하고 있는 원리와 법칙, 돌봄, 배려

* 섭정(攝政, regency) : 임금을 대신하여 정치를 함, 군주의 권한 대행

* 섭정 왕(攝政王, deputy king) : 군주를 대신하여 정치를 하는 대리자

* 성결(聖潔, holiness, sanctity) : 거룩하고 깨끗함, 종교적 순수성

* 성경(聖經, Bible, The Scriptures) : 하나님의 말씀을 담은 경전

* 성곽(城廓, castle) : 성(城), 내성과 외성을 통틀어 이르는 말

* 성도(聖徒, saint) : 그리스도인, 하나님의 백성, 신앙공동체의 구성원

* 성령(聖靈, Holy Spirit) : 하나님의 영, 하나님, 신, 보혜사, 생명의 영

* 성령의 열매 : 사랑, 희락, 화평, 인내, 자비, 충성 등

* 성루(城樓, watch tower) : 성의 망루, 성문 위에 세운 누각

* 성막(聖幕, tent) : 성전을 짓기까지의 임시 성전, 장막

* 성물(聖物, sacred gifts) : 하나님을 위하여 구별된 물건

* 성민(聖民, people of the saints) : 택하신 백성(구약에서는 이스라엘)

* 성산(聖山, holy mountain) : 시온 산, 성전이 있는 산(상징적으로는 천국)

* 성신(聖神, Holy Spirit) : 성령을 구약에서는 성신으로 번역, 여호와의 신

* 성육신(incarnation) : 예수님께서 육신을 입고 오심을 뜻함

* 성읍(城邑, town) : 고을, 마을, 거주지, 고대의 요새화된 도시

* 성읍 문(城邑門, town gate) : 성읍을 드나드는 문

* 성의(聖衣, holy garment) : 제사장의 예복

* 성일(聖日, holy day) : 하나님께서 성별(聖別)하신 날(안식일, 절기, 주의 날 등)

* 성전(聖殿, holy temple) : 하나님께 제사 드리는 곳, 신성한 전당

* 성전고(聖殿庫, temple treasury) : 성전에 딸린 창고(성전의 곳간)

* 성정(性情, passion) : 사람이 본디 가지고 있는 본성(本性)

* 성중(城中, in the castle) : 성안, 성내

* 성지(聖地, holy land) : 거룩한 땅, 성경에 나오는 지역(장소)

* 성취(成就, finish) : 일을 뜻대로 이루는 것, 목표 달성

* 성품(性品, personality) : 본성(本性), 성질과 됨됨이, 성질, 품성

* 성품(性稟, nture and heart nature) : 성정(性情)

* 성호(聖號, holy name) : 거룩하신 하나님의 이름(하나님, 여호와, 예수 등)

* 성회(聖會, holy assembly) : 거룩한 집회, 종교적인 집회

* 세간(household stuff, goods) : 살림살이, 가정 집물

* 세계(世系, genealogy) : 족보(族譜), 대대의 계통의 계보(系譜)

* 세례(洗禮, baptism) : 교인이 되는 의식(儀式), 종교적 의식, 새로운 시작

* 세마포(細麻布, fine twined linen) : 올이 고운 삼베, 순결

* 세마포장(細麻布帳) : 세마로 만든 휘장

* 세말(歲末, year end) : 세밑, 연말, 세모(歲暮)

* 세상적(世上的, earthly) : 세상에 젖은 일(신앙적이 아닌 것), 불신앙, 교만

* 세세(世世, successive generations) : 대대(代代), 여러 세대, 영원히

* 세세무궁(世世無窮, for ever) : 영원토록 끝이 없음, 영원토록, 세세토록

* 세세하다(細細, very thin) : 매우 가늘다, 아주 자세하다

* 세속(世俗, common customs, world) : 세상의 풍속, 이 세상

* 세약(細弱, thin) : 가늘고 약함, 아주 연약함

* 세월(歲月, time and tide) : 흘러가는 시간, 인생의 흐름과 변화

* 세입금(歲入金, annual revenue) : 한 회계연도 사이의 총 수입금

* 세초(歲初, new year's day) : 새해의 첫 날, 연초(年初)

* 소견(所見, one's views) : 사물을 보고 가지는 바의 의견이나 생각

* 소경(blind) : 맹인(盲人), 장님, '시각 장애인'을 얕잡아 이르는 말

* 소고(小鼓, timbrel) : 크기가 조그만 북

* 소금 땅(salty waste) : 염분이 함유된 황무지, 농작물 경작이 어려운 땅

* 소금언약(言約) : 불변하시는 하나님의 언약, 변함없고 영원한 약속

* 소돔의 포도나무(vine of sodom) : 타락하여 부패한 백성을 뜻함

* 소동(騷動, noise, tumult) : 야단법석, 난동, 여럿이 떠들어 대는 것

* 소득(所得, gains, portion, income) : 어떤 일의 결과로 얻는 이익

* 소란(騷亂, disturbance) : 시끄럽고 어수선함

* 소로(小路, lane) : 작은 길, 협로, 작고 좁은 길

* 소망(所望, wish, desire) : 바람, 기대, 바라고 원함

* 소맥(小麥, wheat) : 밀

* 소문(所聞, rumour, gossip, hearsay) : 널리 떠도는 소식 또는 말

* 소반(小盤, small dining table) : 음식을 놓고 먹는 작은 상(床)

* 소산(所産, product, fruit, outcome) : 생산품, 결과물

* 소생(所生, sons, one's own child) : 자기가 낳은 아들이나 딸

* 소생(蘇生, revival) : 거의 죽어가던 상태에서 다시 살아남, 갱생(更生)

* 소시(少時, one's youth) : 젊을 시절, 어린 시절

* 소아(小兒, child, children, child food, infant) : 어린이

* 소아시아 : 지금의 터키 지방을 가리키는 말

* 소요(騷擾, disturbance) : 소란, 폭동(暴動), 많은 사람이 떠들썩하게 술렁
거림

* 소욕(所欲, desire, one's wishes) : 하고 싶은 마음(또는 일)

* 소용(所用, need, usefulness, service) : 쓰일 곳, 무엇에 쓰임

* 소원(所願, desire, wish, petition) : 소망(所望), 원하는 일, 바라고 원함

* 소위(所謂, so-called) : 이른 바, 말하자면, 말하고자 하는 바

* 소유주(所有主, owner) : 소유권을 가진 사람, 주인(主人)

* 소읍(小邑, small town) : (자연 부락들의 소재자가 되는) 작은 고을

* 소임(所任, one's duty, task) : 맡은 바 직책이나 임무

* 소제(掃除, cleaning) : 청소를 하다

* 소제물(素祭物) : 소제(素祭)를 드릴 때 드리는 제물, 극빈자의 속죄제물

* 소주(燒酒, strong drink) : 구약에서는 독주(毒酒)로 번역

* 소출(所出, crops) : 논밭에서 거둔 곡식(또는 그 수확량)

* 소탕(掃蕩, cleaning up, sweep away) : 휩쓸어 모두 없애 버림

* 소행(所行, one's doing, conduct, behavior) : 하는 짓

* 소향(所向, destination) : 목표하고 가는 곳(성도의 소향은 하늘나라)

* 속건제(贖愆祭) : 허물을 용서받기 위해서 하나님께 드리는 제사

* 속량(贖良, redeem) : 무르는 행위, 되찾는 행위를 말함, 종이 자유인이 됨

* 속량자(贖良者) : 구원자, 해방자, 구속자를 말함(모세, 그리스도, 여호와)

* 속박(束縛, bind, captivity) : 얽어매는 것, 구속, 포박, 굴레

* 속사람(inward man) : 거듭난 그리스도인의 심성, 영적으로 변화된 사람

* 속살거리다(whisper, mutter) : 작은 음성으로 속삭이다, 중얼거림

* 속속히(速速~, rapidly) : 매우 빠르게, 재빨리

* 속신(贖身, ransom) : 속량, 되찾아 옴

* 속전(贖錢, ransom) : 속금(贖金), 죄를 벗어나려고 바치는 돈

* 속죄(贖罪, atonement) : 대가를 지불하고 죄를 면하는 일

* 속죄소(贖罪所, mercy seat) : 속죄의 제사를 드리는 곳

* 속죄양(the Lamb) : 예수 그리스도, 구속주, 제물로 바치는 양이나 염소

* 손상(損傷, damage) : 떨어져 헌 것이 되거나 부딪쳐 깨어진 것

* 송구(悚懼, being sorry) : 두렵고 미안한 마음

* 송이(cluster) : 꽃이나 열매 따위가 모여 달린 한 덩이

* 송축(頌祝, blessing) : 칭송함, 축복함

* 쇠망(衰亡, ruin, decline, fall, decay) : 쇠퇴하여 멸망함

* 쇠멸(衰滅, ruin, become extinct) : 쇠퇴하여 없어짐, 점진적 소멸

* 쇠미(衰微, decline, decay) : 쇠하고 잔약하고 희미하여 짐

* 쇠약(衰弱, weakness, faint) : 몸이나 정신이 약해지고 기운이 없어지는 상태

* 쇠잔(衰殘, wither) : 힘이 빠져 거의 죽게 됨, 쇠하여 없어짐

* 쇠패(衰敗, fade) : 늙어서 기력이 쇠하여 짐

* 수고(受苦, toil, labor) : 노력, 힘쓰고 애써 일 하는

* 수금(竪琴, harp) : 거문고

* 수금(囚禁, prison) : 죄인을 가두어 두는 것

* 수납(收納, receipt) : 받아 거둠

* 수다(數多, great number) : 수가 많음, 쓸데없는 말수나 말이 많음

* 수두(首頭, leader) : 우두머리, 선두자, 수령(首領)

* 수령(守令, leader) : 지방 장관, 원님

* 수보(修補, repairing) : 수선하고 고침

* 수색(愁色, worried look) : 그늘진 얼굴, 근심스러운 얼굴

* 수석(首席, top seat) : 맨 윗자리, 제1위

* 수습(收拾, gathering) : 흩어진 재산이나 물건을 주워 거둠, 산란한 것을
  정리함

* 수욕(羞辱, shame) : 수치와 욕을 당함, 부끄럽고 욕됨

* 수원(隨員, attendant) : 수행원, 외교 사절과 같이 오는 사람

* 수장절(收藏節) : 추수를 감사하는 절기(유대인의 절기의 하나)

* 수전절(修殿節) : 성전 수리를 기념하는 절기, 봉헌식, 낙성식

* 수족(手足, hands and feet) : 손과 발, 요긴하게 부리는 사람

* 수종(隨從, servant) : 따라 다니는 하인, 시종

* 수종자(隨從者, servant) : 시중들고 심부름 하는 사람, 하인

* 수척(瘦瘠, emaciation, leanness) : 몸이 야위어 깡마름, 마르고 쇠약함,
  피곤하고 지쳐 보임

* 수치(羞恥, shame) : 부끄러움이나 창피함을 느끼는 마음, 부끄러움

* 수탐(搜探, search) : 수사하여 샅샅이 알아봄

* 수하(手下, under hands) : 손아랫사람

* 수한(壽限, span of life) : 하늘에서 받은 수명

* 수효(數爻, number, amount) : 물건이나 사람의 수, 사물의 낱낱의 수

* 숙부(叔父, uncle) : 아버지의 동생

* 순(筍, bud, sprout) : 식물의 새 싹

* 순결(純潔, pure, innocent) : 아주 깨끗함, 섞인 것이 없이 순수함

* 순교자(殉敎者, martyr) : 복음(그리스도)을 위하여 목숨을 바친 사람

* 순금(純金, pure gold) : 성경에서는 '정금'으로 번역됨

* 순례자(巡禮者, pilgrimage) : 종교적 목적의 여행자

* 순리(順理, natural, reasonableness) : 순조로운 이치나 도리(道理)

* 순정(純情) : 정직하고 거짓이 없는, 순수한 감정, 진실 된 마음

* 순종(順從, obedience) : 하나님의 말씀을 지키는 행위

* 순행(巡行, go through, circuit, tour) : 이곳저곳을 돌아다니는 것

* 순회(巡廻, tour) : 여러 곳을 차례로 돌아다니는 것

* 술객(術客, magicians) : 복술가, 마술을 하는 사람, 점술에 정통한 사람

* 술수(術數) : 술법, 잔꾀, 길흉을 점치는 방법, 비법, 점술

* 숭배(崇拜, admiration) : 높이어 우러러 공경함

* 숭상(崇尙, worship, respect, esteem) : 높이어 존중하게 여김

* 스올 : 음부(지옥), 무저갱, 죽은 자의 거주지

* 슬기(sagacity) : 지혜, 사리를 바르게 판별하고 일을 잘 다스리는 재능

* 슬하(膝下) : 무릎 아래라는 뜻으로 어버이의 곁을 이르는 말

* 시기(猜忌, jealousy) : 남이 잘되어 가는 것을 싫어하고 미워하는 것

* 시녀(侍女, maid) : 가까이 있어 시중드는 여자, 귀족 가정의 하녀

* 시모(媤母, mother in law) : 시어머니(남편의 어머니)

* 시부(媤父, father in law) : 시아버지(남편의 아버지)

* 시비(是非, right and wrong) : 잘 잘못, 옳고 그름을 따지는 말다툼

* 시사(時事, events of the day) : 그때그때 생기는 여러 가지 세상 일

* 시신(侍臣, attendant) : 가까이에서 임금을 모시는 신하

* 시신(屍身, corpse) : 죽은 사람의 몸(송장)

* 시위대(侍衛隊) : 임금을 호위하는 군대

* 시종(始終, beginning and end) : 시작과 끝, 알파와 오메가(처음과 나중)

* 시험적(試驗的, trial) : 시험 삼아 하는 것

* 식구(食口, family) : 같은 집에 살며 끼니를 함께 하는 사람

* 식료(食料, foodstuffs, bread) : 음식에 들어가는 재료

* 식양(式樣, pattern) : 일정한 모양과 격식

* 식언(食言, breaking a promise) : 약속한 말을 지키지 않는 것

* 식음(食飮, eating and drinking) : 먹고 마시는 것

* 신고(辛苦, hardships) : 대단한 괴로움(또는 그것을 당함)

* 신궁(神宮, temple) : 귀신을 모신 집, 신을 모시는 성스러운 장소

* 신기(神奇, marvelous) : 이상하고 신통한 것

* 신당(神堂, shrine) : 신령을 모신 당집

* 신령(神靈, spirit) : 민속으로 섬기는 모든 신

* 신령한 몸(spiritual body) : 거듭난 사람, 성도, 영광의 몸

* 신령한 자(spiritual) : 육(肉)의 사람의 반대말, 그리스도인

* 신뢰(信賴, reliance, trust, confidence, faith) : 믿고 맡김, 믿고 의지함

* 신문(訊問, judge, questioning) : 구두로 사건을 캐어물어 조사하는 일

* 신민(臣民, subject) : 군주국가에 있어서 관원과 국민

* 신복(臣僕, servant) : 신하, 임금을 섬기어 벼슬하는 사람

* 신사(神社, shrine) : 귀신을 모신 사당

* 신사적(紳士的, gentle, noble) : 예절 바르고 남의 입장을 존중하는 모양

* 신상(神像, god's image, idol) : 우상(偶像)

* 신선(新鮮, freshness) : 새롭고 산뜻함

* 신성(神性, deity) : 신의 본질, 성스러움, 거룩함과 신적인 특성

* 신실(信實, sincerity, truth) : 믿음성이 있고 착실함, 거짓이 없고 꾸밈이 없음

* 신앙(信仰, faith) : 종교의 교리를 마음으로 믿고 받드는 것

* 신원(伸冤, avenge, punish) : 가슴에 맺힌 원한을 풀어 버림

* 신음(呻吟, moaning) : 몹시 괴로워서 소리를 냄

* 신접(神接, contact with a god) : 신령이 몸에 접함, 신과의 접촉, 신의 임재

* 신접자(神接者, medium) : 신령이 몸에 접한 사람(무당), 영매자, 주술자

* 신화(神話, myth, fable) : 허탄한 이야기, 가공적 이야기

* 신후(身後, after death) : 죽은 뒤

* 신후사(身後事, funeral) : 죽고 난 뒷일, 장사 지내는 일

* 십부장(十夫長, leader of tens) : 군대에서 10명의 부하를 지휘하는 사람

〈ㅇ〉

* 아마겟돈 : 하나님이 악의 세력과 대적하여 싸울 최후의 전쟁터

* 아멘 : 진실로(참으로)의 뜻이 있음, 확증하는 말, 동의하는 말, 맹세의 말

* 아문(衙門, palace) : 옛날 상급 관청, 관청의 총칭

* 아버지의 집 : 성전 또는 천국

* 아버지 하나님(God the Father) : 하나님 중 성부(聖父) 하나님을 부르는 말

* 악념(惡念, evil intention) : 부정적이고 나쁜 생각과 마음을 의미함

* 악령(惡靈, satan) : 사탄, 귀신, 마귀 등, 나쁜 영혼이나 정령을 의미함

* 안온(安穩, peace, quiet, tranquility) : 조용하고 편안함

* 안위(安慰, comfort) : 마음과 몸을 편안하게 하고자 조용히 위로함

* 안일(安逸, indolence, idleness, ease, comfort) : 매우 편안하고 한가함

* 안장(安葬, burial) : 편하게 장사를 지냄

* 앙망(仰望, looking up) : 우러러 봄, 사모하여 바라 봄

* 앙모(仰慕, adore, look up to) : 덕망이나 인품 때문에 우러르고 사모함

* 앙화(殃禍, calamity) : 죄의 앙갚음으로 받는 온갖 재앙, 보복을 당함

* 앞머리(forehead) : 정수리 앞쪽 부분의 머리

* 애가(哀歌, the lamentations) : 슬픈 마음을 읊조린 노래

* 애걸(哀乞, beseech, begging, pleading) : 애처롭게 사정하여 빎

* 애석(哀惜) : 슬픔과 아쉬움을 함께 느끼는 감정

* 애통(哀痛, mourning, deep lamentation) : 매우 슬퍼하고 아파하는 일

* 어눌(語訥, stammer) : 말을 더듬어 잘 하지 못하다

* 언약(言約, covenant) : 말로써 약속함, 성경

* 언약책(言約冊) : 율법책, 성경, 두루마리

* 엄혹(嚴酷, servere, severely) : 매우 엄하고 가혹한 상태나 상황을 의미함

* 여년(餘年) : 죽을 때까지의 남은 해, 여생(餘生)

* 여망(餘望, remaining hope) : 앞날의 희망, 아직 남은 희망

* 여짜오되(said) : 아뢰다, 말하다, 말씀드리겠지만

* 여짭다(say, speak) : '여쭙다'의 예스러운 말

* 여쭙다(say, tell) : 여쭈옵다, 여쭈다의 높임 말

* 여차여차(如此如此, being like this) : 이러 이러한

* 여호와의 날(the day of the Lord) : 심판의 날, 재앙의 날

* 여호와의 사자(angel of the Lord) : 천사, 그리스도, 통치자, 신들의 아들

* 역대(歷代, successive generations) : 차례차례 전하여 내려오는 대

* 역량(力量, ability) : 어떤 일을 하여 낼 수 있는 힘(또는 그 힘의 정도)

* 역리(逆理, irrationality) : 사리(또는 도리)에 어그러짐

* 역사(役事, public undertaking) : 공공을 위한 토목, 건축 등의 큰 공사, 기적

* 연단(鍊鍛) : 몸과 마음을 닦아 익숙하게 함

* 연락(宴樂, merry making) : 잔치를 베풀고 즐김

* 연로(年老, old age, oldness) : 나이가 많아서 늙음

* 연마(練磨, hard training) : 학문이나 기술을 연구하여 닦음(study)

* 연모(戀慕, love) : 이성을 사랑하여 그리워하는 것

* 연보(捐補, offering) : 헌금(獻金), 성금, 성도의 의무금

* 연보궤(捐補櫃, box of offering) : 연보(헌금)를 넣는 함

* 연안(沿岸, coast) : 강물이나 바닷가 일대를 말함

* 연회(宴會, banquet, feast) : 축하, 위로, 환영, 석별 등을 위해 베푸는 잔치

* 열국(列國, the nations, all countries, the powers) : 세상 여러 나라

* 열방(列邦, many countries) : 여러 나라, 불신앙의 세계

* 열방인(列邦人) : 다른 나라 사람, 이교도. 불신자(不信者)

* 열왕(列王, kings) : 여러 왕

* 열왕기(列王記, the book of kings) : 임금의 행적에 관한 기록

* 열조(列祖, ancestor) : 죽은 조상, 선조(先祖), 가문이나 종족의 선조들을 나타냄

* 열족(列族, people of all nations) : 모든 족속, 전 인류, 여러 족속

* 얇다(thin) : 두께가 두껍지 않다, 빛이 진하지 않다

* 염려(念慮, care, worry, concern) : 여러 가지로 마음을 쓰며 걱정함

* 염병(染病, plague) : 급성 전염병, 하나님의 재앙, 불쾌감을 표현하는 말

* 염습(殮襲) : 죽은 사람의 몸을 씻긴 후에 옷을 입히는 일, 염(殮)

* 염치(廉恥, sense of shame) : 체면을 생각하거나 부끄러움을 아는 마음

* 영감(靈感, inspiration) : 하나님께서 성령을 통하여 역사하시는 방법

* 영걸(英傑, great man, hero) : 뛰어난 인물, 영웅과 호걸을 이르는 말

* 영광(榮光, glory) : 빛나는 영예, 이름을 빛내는 것(honor)

* 영락(零落, ruin) : 세력이나 사람이 아주 보잘 것 없이 되는 것

* 영벌(永罰, eternal punishment) : 죄인이 지옥에서 받는 영원한 벌

* 영생(永生, eternal life) : 영원무궁한 생명, 천국의 복락을 누리는 생활

* 영세전(永世前, long ages past) : 만물이 창조되기 전, 태초(太初)

* 영속(永贖) : 속죄(贖罪), 영원히 속량 받아 하나님과 화목을 이루는 것

* 영원무궁(永遠無窮, eternity) : 영세무궁, 다함이 없이 때의 끝이 없음

* 영원하신 하나님(eternal God) : 하나님의 속성을 나타내는 말

* 영원한 심판(eternal judgment) : 성령을 훼방하는 자가 받는 영원한 형벌

* 영적(靈的, spiritually) : 신령스러운 것, 영감(靈感)에 속하는 것

* 영접(迎接, meet, take in, reception) : 손님을 맞아 대접하는 것

* 영혼(靈魂, soul, Spirit) : 인간의 정신적 실체, 넋, 생령

* 예리(銳利, sharpness) : 날카로움, 두뇌와 판단력이 날카롭고 정확함

* 예배(禮拜, worship) : 겸손한 마음으로 경배(敬拜)하는 일

* 예언자(豫言者, prophesies) : 예언을 하는 사람, 선지자(先知者)

* 예표(豫表, signs) : 미리 알려주는 표정, 미리 보이는 징조

* 오만(傲慢, haughtiness, arrogance) : 태도나 행동 따위가 방자하고 건방짐

* 오만한 자(mocker, scornful) : 하나님이 없다고 하는 자, 하나님을 조롱하
는 자

* 오묘(奧妙, profound, depth, secret) : 심오하고 미묘함

* 오찬(午餐, lunch) : 보통 때보다 잘 차려서 손님을 대접하는 점심 식사

* 오해(誤解, misunderstanding) : 뜻을 잘못 해석함

* 온유(溫柔, meekness) : 온화하고 부드러움, 관용, 겸허

* 온유한 자(meekness) : 그리스도, 그리스도인, 땅을 기업으로 받을 성도

* 올무(snare, trap, noose) : 올가미, 유혹, 우상, 거짓교훈

* 옹위(擁衛, guard, escort, safe guard) : 곁에서 보호하여 지킴

* 완고(頑固, stubborn, obstinate) : 융통성이 없고 고집이 셈

* 완력(腕力, physical strength) : 육체적으로 억누르는 힘

* 완악(頑惡, wickedness, stubborn) : 성질이 검질겨 거만하고 모짊

* 왕도(王都, royal city) : 왕이 있는 도시, 정치적 중심지

* 외방(外邦, foreign country) : 다른 나라, 외국, 타국

* 외식(外飾, hypocrisy) : 겉치레, 종교적 경건에 대하여 가장하는 것을 말함

* 외식하는 자 : 속과 겉이 다른 종교인, 서기관과 바리새인

* 외우다(recite, read, chant, memorize) : 외다, 암송하다

* 외전(外殿, holy place) : 성전의 바깥 장소

* 요란(擾亂, disturbance, confusion) : 시끄럽고 떠들썩함

* 요술객(妖術客, wizard) : 마술사, 마법사, 점술가

* 요제(搖祭, wave offering) : 제물을 흔들어 하는 제사

* 욕심(慾心, desire) : 자기에게만 이롭게 하고자 하는 마음

* 용서(容恕, pardon, forgive) : 잘못이나 죄에 관용을 베푸는 것

* 우매무지(愚昧無知) : 어리석고 몽매하여 지혜가 없음

* 우매자(愚昧者, foolishness) : 어리석고 몽매한 사람, 사리에 어두운 사람

* 우심(尤甚, extreme) : 더욱 심함

* 운명(殞命, die, death) : 명이 끊어짐, 사망함, 숨을 거둠

* 운무(雲霧, cloud and mist) : 구름과 안개

* 운수(運數, fortune) : 숙명론적으로 이미 정하여진 길흉과 화복

* 움큼(handful) : 손으로 한 줌 쥔 분량만큼의 단위

* 원한(怨恨, grudge, resentment) : 원통한 생각

* 유구무언(有口無言, speechless) : 변명할 말이 없다는 뜻

* 유사(有司, official) : 단체의 일을 맡아 보는 사무직

* 유숙(留宿, lodging) : 남의 집이나 여관에서 묵고 있음

* 유순(柔順, tender, gentle, obedience) : 성질이 부드럽고 온순함

* 유실물(遺失物, lost articles) : 잃어버린 물건

* 유약(柔弱, tender) : 튼튼하지 않고 어림, 약한 성격이나 성질

* 유업(遺業, inheritance, heir) : 선대로부터 이어 내려오는 사업

* 유여하다(裕餘~, plentiful, more) : 모자라지 않고 넉넉하다

* 유예(猶豫) : 우물쭈물하고 결정하지 않음

* 유의(留意, consider, heed, attention) : 마음에 두다, 유심(留心)

* 유인(誘引, temptation, allurement) : 주의나 흥미를 유발시켜 꾀어 이끌다

* 유일(唯一, only, one) : 오직 하나 밖에 없는 것

* 유족(裕足, plenty, plenty full) : 생활에 부족함이 없이 넉넉한 것

* 유출(流出, outflow) : 밖으로 흘러나오는 것

* 유치(幼稚, infancy) : 성경에서는 유아 또는 어린이를 가리킴

* 유쾌(愉快, pleasure, cheerful, joyful) : 마음이 즐겁고 상쾌함

* 유혹(誘惑, temptation) : 사람을 그릇된 길로 꾀임

* 유혼(幽魂, shades) : 영혼, 저승 혼, 죽은 자를 뜻함

* 육(肉, flesh) : 영(靈)과 대비한 말, 거듭나기 전의 인간을 뜻 한다

* 육적인 사람 : 영적인 사람과 반대, 거듭나지 못한 사람, 겉 사람

* 율례(律例, state) : 율법, 계명, 하나님의 법

* 율법(律法, law, commandments) : 지켜야 할 법, 신의 이름으로 규정한 규범

* 율법사(律法士, lawyer) : 율법 전문가, 교법사를 가리킴

* 율법사(律法師, expert in the law) : 법률을 가리키는 스승

* 율법을 세우신 자(ruler) : 하나님

* 율법의 선생(teacher of the law) : 율법 교사(교법사)

* 율법서(律法書, the Book, testimony) : 율법을 기록한 책, 성경, 모세 5경

* 율법의 완성 : 율법의 완성은 사랑이다(즉 하나님 사랑과 이웃 사랑)

* 율법의 마침(end of the law) : 예수 그리스도의 탄생과 은혜

* 율법주의(律法主義) : 형식에 얽매인 위선적인 사고와 행동을 뜻함

* 은사(恩賜, gift) : 값없이 주는 것, 하나님의 은혜 또는 용서를 뜻 한다

* 은총(恩寵, mercy) : 하나님의 용서, 신이나 초자연적 존재의 인류에 대한
  사랑

* 은택(恩澤, benefits) : 은혜와 덕택, 은혜로운, 은혜와 택함

* 은혜(恩惠, grace) : 베풀어주는 혜택, 고마움

* 응락(應諾, consent) : 승낙 함, 허락 함

* 응용(應用, application) : 특정 원리를 실제로 이용하여 활용하는 것

* 의(義, righteousness) : 사람이 행하여야 할 바른 도리, 옳은 행위

* 의로운 자(righteous) : 거룩한 사람, 흠 없는 사람, 구속(救贖)받은 성도

* 의인(義人, righteous) : 사리에 바르고 자비와 긍휼(矜恤)이 있는 옳은 사람

* 이단(異端, heresy) : 성경을 그릇되게 해석하는 집단

* 이른 비(autumn rains) : 가을비, 하나님의 은총, 일찍 내리는 비

* 이방(異邦, foreign country) : 다른 나라, 이국(異國)

* 이적(異蹟, miracle) : 기이한 일, 놀라운 일, 하나님의 역사

* 인(印) 맞은 자(be sealed) : 표를 받은 사람, 소유권의 표시

* 인봉(印封, sealing) : 봉한 물건에 도장을 찍음

* 인애(仁愛, mercy) : 어질고 남을 사랑하는 마음, 인자(仁慈), 자비(慈悲)

* 인자(人子, the son of man) : 사람의 아들, 예수님이 자기를 칭하여 하신 말

* 인자(仁慈, mercy, charity) : 어질고 자애함(하나님의 성품 중의 하나)

* 인적(人跡, track) : 사람의 발자취

* 인증(引證, reference) : 옛글 등을 끌어다가 증거를 삼음

* 인치다(印~, seal) : 서류에 도장을 찍다, 표시를 하다

* 일락(逸樂, pleasure) : 편히 놀고 즐기는 것

* 일용(日用, everyday use, daily) : 매일 매일의 쓰씀이

* 임마누엘 : 예언한 메시야의 칭호

* 임재(臨在) : 하나님께서 존재하심으로 그의 영광과 능력이 드러남을 의미함

* 임종시(臨終時, end of life) : 죽음에 즈음하여, 죽으면서

* 입관(入棺, putting in coffin) : 시체를 관속에 넣는 일

〈ㅈ〉

* 자결(自決, suicide, kill oneself) : 스스로 자기의 목숨을 끊음

* 자고(自古, old) : 예전부터

* 자고이래(自古以來, from old time) : (일, 물건)의 내력이 예로부터 내려옴

* 자긍(自矜, pride) : 제 스스로 하는 자랑, 뽐냄, 자만(自慢)

* 자비(慈悲, compassion, mercy) : 사랑하고 불쌍히 여김, 배려의 마음

* 자색(紫色, purple) : 자주색, 빨강과 파랑의 중간 색깔

* 자약(自若) : 당황하지 않고 평상시와 같이 침착함, 태연자약(泰然自若)

* 자유하는 여자(free woman) : 종이 아닌 여자

* 자의(自意, one's own will) : 자기의 생각이나 의견

* 자족(自足, content, self-satisfaction) : 스스로 넉넉함을 느낌

* 자책(自責, self reproach) : 자기 잘못을 스스로 꾸짖음, 뉘우침

* 자처(自處, pretension) : 스스로가 어떠한 사람인체 하다. 자칭(自稱)

* 작정(作定, decision, determine) : 마음속으로 단단히 결정하다

* 잔인(殘忍, cruelty, brutality) : 인정이 없고 매우 악독함, 잔학(殘虐), 잔혹
(殘酷)

* 잠시(暫時, for a while) : 오래 걸리지 않는 시간, 짧은 시간

* 잠언(箴言, proverbs) : 교훈이 되고 경계가 되는 짧은 말, 격언(格言)

* 잡류(雜類, base fellows) : 점잖지 못한 사람들, 불한당

* 장담(壯談, assertion) : 자신이 있는 듯이 큰 소리를 함

* 장래사(將來事, events of future) : 앞날의 일, 장래의 일. 미래의 계획이나
준비

* 장려(奬勵, encouragement, stimulation) : 권하여 힘쓰게 함

* 장로(長老, elders) : 나이가 많고 덕이 높은 사람(구약)

* 저술(著述, writing a book) : 글을 지어 책을 만듦, 글을 쓰는 것

* 저주(詛呪, curse) : 축복의 반대말, 다른 사람이 잘 되지 못하도록 빌고 바람

* 적그리스도(anti christ) : 거짓 그리스도, 거짓 선지자, 거짓 사도, 짐승

* 적막(寂寞, loneliness, lonely, desolation) : 고요하고 쓸쓸함

* 적발(摘發, disclosure) : 드러나지 않는 것을 들추어 냄

* 적수(敵手, rival) : 재주나 힘이 서로 맞서 상대가 되는 사람, 호적수(好敵手)

* 적치(積置, piling up) : 물건이나 자재를 쌓아두는 것

* 전각(殿閣, temple) : 이교의 신전, 임금이나 왕족이 사는 큰 건물

* 전도(傳道, preach) : 사람들에게 성경의 말씀을 전하여 믿음을 갖도록
하는 일

* 전도인(傳道人, preacher) : 전도자(傳道者), 복음을 전하는 사람

* 전례(前例, precedent) : 과거에 이미 있었던 사례(事例), 이전에 있었던 사례

* 전무후무(前無後無, unique) : 과거에도 앞으로도 없음

* 전신갑주(全身甲胄) : 온 몸의 갑옷과 투구, 전체 몸을 덮는 철갑옷

* 전언(傳言, message. send word) : 전하여 주는 말, 말을 전함

* 전재(錢財, money) : 돈

* 전정(殿庭, garden of a palace) : 궁전의 뜰

* 절기제(節期祭, feast offering) : 절기에 드리는 제사

* 정금(精金, choice gold, pure gold) : 불순물이 섞이지 않은 순금(純金)

* 정명(定命, fate) : 날 때부터 정해진 운명

* 정성(精誠, sincerity) : 온갖 성의를 다하려는 참되고 거짓이 없는 마음

* 정숙(靜肅, silence, quiet, solemn) : 고요하고 엄숙함

* 정의(正義, righteousness, justice) : 올바른 도리, 공의대로 하는 일

* 정죄(定罪, guiltiness) : 죄가 있음을 선포함, 죄가 있다고 단정함

* 정처(定處, fixed place, one's residence) : 일정한 곳, 정한 곳

* 제물(祭物, offering) : 제사에 쓰이는 음식물, 희생물

* 제반(諸般, everything, all, every) : 여러 가지, 모든 것

* 제사장(祭司長, priest) : 제사(祭司)들 중 우두머리

* 조롱(嘲弄, taunt) : 비웃고 놀림, 우롱(愚弄), 모욕을 줌

* 조롱(鳥籠, bird cage) : 새 장, 새를 가두어 두고 기르는 장

* 조문(弔問, call of condolence) : 문상(問喪), 조의를 표하는 행위

* 조물주(造物主, God, Creator) : 창조주 하나님, 우주의 만물을 다스리는 신

* 조밀(稠密, density, compact) : 몹시 빽빽함, 촘촘함

* 조산(助産, midwifery) : 분만을 도움

* 조상(弔喪, lament) : 문상(問喪), 사람의 죽음에 대하여 슬퍼하는 뜻을 표함

* 조소(嘲笑, scorn) : 조롱하는 태도로 웃는 웃음, 비웃음이나 조롱

* 족속(族屬, clan, kindred) : 같은 종문(宗門)의 겨레붙이

* 존숭(尊崇, honour, respect, reverence) : 높이 받들어 공경하고 숭배하다

* 좁은 문(narrow door) : 천국으로 이르는 문, 신앙의 길, 핍박의 길

* 종가(宗家, head family) : 큰 집, 가문의 근본 되는 집

* 종신(終身, whole life) : 한 평생, 죽을 때까지, 평생 지속됨

* 종자(從者, servant) : 수종하여 다니는 사람

* 종친(宗親, royal, family, kindred) : 성과 본이 같은 일가, 친족, 친척

* 죄패(罪牌, inscription) : 죄인에게 붙이던 패, 죄명을 써서 알리는 판

* 주기도문(主祈禱文, Lord's prayer) : 주님께서 제자들에게 가르쳐 주신
  기도문

* 주리다(starve, hungry) : 음식물이 없어 먹지를 못함

* 주막(酒幕, inn) : 시골 길가에서 술과 밥을 팔거나 나그네를 재우는 집

* 주발(周鉢, bowl, pot) : 놋쇠로 만든 밥그릇, 식기

* 주석(註釋, notes, commentary) : 주해(註解), 낱말이나 뜻을 쉽게 풀이함

* 주의 나라(the Lord's kingdom) : 하나님이 다스리는 나라(영원한 천국)

* 주의 날(the Lord's day) : 종말론적인 주의 날, 그리스도 재림의 날

* 주의 도(the Lord's way) : 십자가의 구원의 도, 주의 교훈

* 주의 백성(the Lord's people) : 이스라엘(구약), 구원받은 성도(신약)

* 주의 사자(angel of the Lord) : 천사, 보냄을 받은 성도

* 주의 신(spirit of Lord) : 성령(聖靈)을 뜻하는 말

* 주의 얼굴(face of the Lord) : 주의 낮(하나님의 임재를 뜻함)

* 주의 이름(name of the Lord) : 여호와(구약), 예수님(신약)

* 주의 종(servant of the Lord) : 사명을 받아 하나님의 쓰임을 받는 사람

* 주의 팔(the Lord's arm) : 하나님의 권능을 나타내는 말

* 주의 형제들 : ① 육적(肉的)인 형제들(야고보, 요셉, 유다, 시몬) ② 구속

받은 성도

* 주재(主宰, Lord) : 하나님께 대하여 쓰인 말(창조자, 주, 대주재)

* 준수(俊秀, goodly) : 재주, 슬기, 풍채 등이 빼어남, 아름다운 외모나 재능

* 중보자(中保者, mediator) : 중간에서 화해를 시키는 사람

* 지극(至極, utmost, extreme) : 그 이상이 없는 상태, 더 없이 극진하다

* 지성물(至聖物, most holy thing) : 지극히 거룩한 물

* 지성소(至聖所, most holy place) : 법궤를 보관한 곳 또는 성전(聖殿)의
내소 등.

* 지족(知足, contentment) : 자기 분수를 알아 족한 줄을 아는 것

* 지존자(至尊者, majestic, God) : 지극히 존귀한 분, 하나님

* 지친(至親, near relationship) : 부자간이나 형제간 사이와 같이 매우 친한
관계

* 지혜(智慧, wisdom) : 슬기, 인간의 경험과 관찰에 의한 산물

* 지체(肢體, body and limbs) : 팔다리와 몸, 교회, 그리스도인

* 직고(直告, telling the truth) : 사실을 곧이곧대로 알리어 바침

* 진실로 진실로(the truth) : '진실로'를 거듭 강조한 요한복음의 용법(用法)

* 진토(塵土, dust and soil) : 먼지와 흙, 무가치한 것을 뜻함

* 질시(嫉視, glancing) : 흘겨 봄, 밉게 봄, 시기하여 봄, 질투

* 질투(嫉妬, jealousy) : 시새우고 미워함, 시기, 투기, 강샘

* 짐짓(on purpose, intentionally, purposely) : 고의로, 일부러

* 집 머리(the leader) : 가장(家長), 우두머리, 가구나 집안의 중심인 사람

〈ㅊ〉

* 차일(遮日, curtain) : 천막, 햇볕을 가리려고 치는 포장

* 찬송(讚頌, praise, glorification, hymn) : 하나님의 은혜를 기리어 찬양함

* 찬양(讚揚, praise) : 찬미, 찬송, 예배식의 하나

* 참빛(Jesus Christ) : 예수 그리스도, 진리와 희망의 상징

* 참신(God) : 하나님(우상은 참신이 아니다)

* 창대(昌大, prosperity) : 크게 번창함, 잘되어 성하다, 번성하고 크게 발전함

* 창세(創世, creation of the world) : 세상을 처음으로 만듦

* 창졸간(倉卒間, sudden) : 전혀 예측하지 못한 때에 갑자기

* 채전(菜田, vegetable garden) : 야채 밭(무, 배추, 오이 등)

* 처첩(妻妾, wife and concubine) : 아내와 첩, 본처와 첩

* 천대(賤待, contempt) : 업신여겨서 푸대접 하는 것

* 천부(天父, Heavenly Father) : 하나님 아버지

* 천사(天使, angel) : 하나님의 사자(使者), 천군, 하나님의 창조물, 영물

* 천사장(天使長) : 천사들의 우두머리, 강력한 영적 리더의 개념

* 첩경(捷徑, path) : 빨리 가는 길, 어떠한 일에 이르기 쉬운 방법

* 초개(草芥, piece of straw) : 지푸라기, 값없는 것을 뜻함

* 촌촌(村村, every village) : 마을마다. 어느 마을이나 모두

* 취리(取利, usury) : 돈놀이, 빚 놀이, 돈이나 곡식 등을 빌려주고 이자를 받음

* 치도(治道, politics) : 다스리는 방법, 통치의 원리와 방법

* 칭송(稱頌, praise) : 칭찬하여서 일컬음, 공덕을 칭찬하여서 기림

〈ㅌ〉

* 탄일(誕日, birthday) : 탄생한 날, '생일'을 높여 이르는 말

* 탐식(貪食, appetite) : 음식을 탐내어 너무 많이 먹는 것

* 탐심(貪心, avarice, greed) : 무엇을 가지거나 차지하고 싶은 마음

* 태고(太古, ancient time) : 아주 오랜 옛날, 역사가 기록되기 이전

* 태초(太初, beginning) : 우주의 시작, 처음, 하늘과 땅이 맨 처음 생겨남

* 택정(擇定, selection. appoint) : 선정, 가려서 뽑아 정함

* 토설(吐說, confession) : 실토, 일의 경위를 사실대로 말하는 것

* 통분(痛憤, bitter feeling) : 원통하고 분함, 분개

* 통한(痛恨, deep regret, great sorrow) : 뼈저린 탄식, 매우 한탄함

〈ㅍ〉

* 패역(悖逆, rebellion, revolt) : 반역, 반란, 하나님을 저버리는 행위

* 폐일언(蔽一言, in short) : 전체를 한마디로 휩싸여 말함

* 표적(表迹, traces) : 겉으로 나타난 형적, 예수님의 신성을 드러내는 기적

* 풍자(諷刺, satire) : 비유하는 뜻으로 남의 결점을 찌르는 말

* 필경(畢竟, after all, finally) : 마침내, 결국에는, 끝장에 이르러

〈ㅎ〉

* 행객(行客, traveler, tourist) : 고향을 떠나 여행을 하거나 떠돌아다니는 사람

* 허무(虛無, nothingness, be vain) : 아무것도 없는 상태, 텅 빈

* 허랑 방탕(虛浪放蕩) : 향락에 도취되어 주색에 빠져 지내는 행위

* 허탄(虛誕, myth) : 허황하고 망령됨. 가능성이 없는 큰 소리

* 헌물(獻物, offering) : 바치는 제물 또는 물건, 웃어른이나 임금에게 바치는 물건

* 헌신(獻身, devotion) : 하나님과 이웃에 대한 전력을 다하는 봉사

* 헛되다(vanity, vain, futile, waste) : 무가치 하다, 쓸데없다

* 현몽(現夢, appear in a dream) : 죽은 사람이나 신령이 꿈에 나타남

* 형통(亨通, going well, prosperity) : 모든 일이 뜻과 같이 잘 되는 것

* 홀연(忽然, suddenly, all at once) : 문득, 갑자기 사라지는 모양

* 회개(悔改, repentance) : 삶의 방향전환, 죄나 잘못을 뉘우치고 마음을 고쳐먹음

- 알기 쉽게 요약한 -

간추린 성경

초판 1쇄 인쇄 2025. 2. 25.

초판 1쇄 발행 2025. 3. 05

지은이: 유희신

발행인: 이미숙

편집인: 염성철

펴낸곳: 도서출판 햇본

등록번호: 제 2005-13호

등록된 곳: 경기도 고양특례시 일산서구 산현로 92번길 42

출판부: 031) 911-1137

ISBN: 979-11-87455-55-4 (03230)

도서출판 햇본은 하나님의 백성들이 주기도를 통해서 날마다 기도하는 대로 이 땅에 하나님 나라가 이루어지고 주님께서 다시 오셔서 영원한 하나님의 나라가 임하기까지 하나님의 나라를 전하고 세우는 일을 계속할 것입니다.

- Memo -

- Memo -

- Memo -